Inken Marei Kolthoff

Heimliche Lust

Verborgene Tabubrüche in Otto Ludwigs
Erzählung „Zwischen Himmel und Erde"

Diplomica Verlag GmbH

Kolthoff, Inken Marei: Heimliche Lust. Verborgene Tabubrüche in Otto Ludwigs Erzählung „Zwischen Himmel und Erde", Hamburg, Diplomica Verlag GmbH 2016

Buch-ISBN: 978-3-95934-968-0
PDF-eBook-ISBN: 978-3-95934-468-5
Druck/Herstellung: Diplomica® Verlag GmbH, Hamburg, 2016

Bibliografische Information der Deutschen Nationalbibliothek:
Die Deutsche Nationalbibliothek verzeichnet diese Publikation in der Deutschen Nationalbibliografie; detaillierte bibliografische Daten sind im Internet über http://dnb.d-nb.de abrufbar.

© Diplomica Verlag GmbH
Hermannstal 119k, 22119 Hamburg
http://www.diplomica-verlag.de, Hamburg 2016
Printed in Germany

Inhaltsverzeichnis

1. Einleitung

Zwei Brüder begehren die gleiche Frau. Apollonius ist die schöne junge Christiane gleich aufgefallen und seitdem richten sich alle seine Gedanken auf sie, die ebenso heimlich in ihn verliebt ist. Doch statt sie anzusprechen, hält Apollonius sich schüchtern zurück, schwärmt jedoch gegenüber seinem älteren Bruder Fritz von ihr. Dieser zaudert nicht lange. Nur vordergründig im Namen des Bruders um sie werbend, gewinnt er Christiane für sich und überzeugt den brüderlichen Gegenspieler unterdessen in die Fremde zu gehen. In Abwesenheit des Rivalen heiratet Fritz die junge Frau und zeugt mit ihr drei Kinder. Das Machtverhältnis kehrt sich um, als der jüngere Bruder schließlich zurückkehrt; Angst statt List bestimmt von nun an das Verhalten des älteren Bruders, während die anfänglichen Wünsche der getäuschten Liebenden nach und nach erneut an Bedeutung gewinnen. In der wiederaufflammenden Auseinandersetzung um die Zuneigung der Frau entfaltet das Begehren eine Intensität, die erst durch den Tod des Rivalen besänftigt werden kann. Doch statt des jüngeren stirbt der ältere Bruder, dessen Frau jung und verwitwet zurückbleibt.

Sowohl die erzählerische Darstellung der Handlung in *Zwischen Himmel und Erde*[1] (1856) von Otto Ludwig, als auch die Gepflogenheiten des 19. Jahrhunderts ließen an diesem Punkt erwarten, dass Apollonius Christiane nun doch noch zur Frau nimmt, legitimiert durch die Notwendigkeit, sie und ihre Söhne nicht unversorgt zu lassen. Doch er verweigert sich. Darin liegt das eigentliche Skandalon dieses skandalreichen Textes, zumal Apollonius weiterhin die finanzielle Verantwortung für Christiane und ihre Kinder übernimmt und im gleichen Haus mit ihr lebt. Die literaturwissenschaftlichen Erklärungsversuche für Apollonius' scheinbar unerwartetes Verhalten reichen von Schuldgefühlen[2] und psychischer Krankheit[3] bis hin zu höherer Moral[4] und Altruismus als Lebenssinn[5]. Doch ungeachtet der zahlreichen Interpretationsansätze bleibt ein Rest Verwunderung und Unverständnis angesichts dieser radikalen Entscheidung erhalten, die allem zu widersprechen scheint, was Apollonius

---

[1] Otto Ludwig: Zwischen Himmel und Erde. Erzählung. Stuttgart 2009. Seitenangaben im Folgenden im Fließtext.

[2] Pro: Hermann J. Weigand: Fährten und Funde. Aufsätze zur deutschen Literatur, Bern 1967; contra: Armin Gebhardt: Otto Ludwig. der poetische Realist, Marburg 2002.

[3] Weigand (wie Anm. 2), S. 130.

[4] William H. McClain: Between Real and Ideal. The course of Otto Ludwigs development as a narrative writer. Studies in the germanic languages and literatures, Bd. 40, Chapel Hill 1963; Keith A. Dickson: 'Die Moral von der Geschicht': Art and Artifice in 'Zwischen Himmel und Erde'. In: MLR 68 (1973), H. 1, S. 115–128; John David Pizer: Ego - alter ego. Double and/as other in the age of German poetic realism. University of North Carolina studies in the Germanic languages and literatures, Chapel Hill 1998.

[5] Hermann Korte: Ordnung & Tabu. Studien zum poetischen Realismus. Abhandlungen zur Kunst-, Musik- und Literaturwissenschaft, Bd. 381, Bonn 1989, S. 38.

zuvor an teilweise auch verdrängten Gefühlen bewegt hat. So führte gerade das verweigerte ‚Happy End' als vermeintlich überraschende Wendung von der ersten Publikation des Textes an zu Irritationen in der Rezeption. Diese Einschätzung verkennt, dass gerade das unerfüllte Zusammenleben charakteristisch ist für die Beziehungsstruktur, die zwischen den Protagonisten besteht und die Handlung antreibt. Der Verzicht, ja die Weigerung, offenbart die Ökonomie des Begehrens, das wesentlich durch den Gegenspieler konstituiert wird und seinen eigentlichen Bestimmungsgrund nicht im umkämpften Objekt, sondern allein in sich selbst trägt. Die Art und Weise, in der einander unvereinbar gegenüberstehende Wünsche hervorgerufen werden und sich in ihrer Wechselwirkung gegenseitig verstärken, lässt sich mithilfe der Theorien zu den Dreiecksstrukturen des ödipalen Konflikts und des Begehrens nachvollziehen, wie sie von Freud, Girard, Butler und Sedgwick entwickelt wurden, und zum stellvertretenden Begehren zusammenfassen[6]. Von besonderer Relevanz erweisen sich hierbei die Theorien des Literaturwissenschaftlers und Kulturanthropologen René Girard zum triangulären und mimetischen Begehrens[7], welche die Bedeutung der Rivalität für das Begehren hervorheben. Dieser Ansatz ist konsistent mit dem Begehren des Anderen, wie Slavoij Žižek es in seinen Schriften in der Nachfolge von Jaques Lacan entwirft und findet darin seine vertiefende Ergänzung[8].

Doch statt die Zusammenhänge offenzulegen, verschleiert die bereits in der Rahmenhandlung begründete Rechtfertigungsstruktur die eigentlichen Motive und leistet das Ihrige, um Apollonius zum übermäßig moralischen Altruisten zu verklären. Somit ist eine narratologische Analyse des Textes und seiner Verfahren des unzuverlässigen Erzählens grundlegend für jegliche weiterführende Betrachtung. Dies ist umso wichtiger, da Otto Ludwig, der mit seinen theoretischen Schriften als Begründer des poetischen Realismus gilt, die ‚überblumende' Darstellung der Realität zum Programm erhoben hatte. Der Text selbst kategorisiert die Geschichte als ‚Erzählung', obwohl sie alle wesentlichen Merkmale einer Novelle aufweist[9].

---

[6] Einen sehr guten Überblick zu den verschiedenen Theorien bietet: Andreas Kraß: Der Rivale. In: E. Esslinger (Hrsg.): Die Figur des Dritten. Ein kulturwissenschaftliches Paradigma. 1. Ausgabe, Frankfurt am Main 2010, S. 225–237. Insbesondere bezieht sich die Analyse auf René Girard: Figuren des Begehrens. Das Selbst und der Andere in der fiktionalen Realität, Thaur [u.a.] 1999, und Eve Kosofsky Sedgwick: Between men. English literature and male homosocial desire, New York 1985.

[7] Die Theorie des mimetischen Begehrens in René Girard: Das Heilige und die Gewalt, Zürich 1987 baut auf Girards früherem Werk „Figuren des Begehrens" auf und analysiert das Begehren hinsichtlich antiker Mythen. Zur Relevanz des mimetischen Begehrens für Otto Ludwigs „Zwischen Himmel und Erde" vgl. auch Pizer (wie Anm. 4), S. 55.

[8] Einen ersten Überblick bietet: Slavoj Žižek: Lacan. Eine Einführung, Frankfurt am Main 2008.

[9] Vgl. hierzu Lutz Besch: Die künstlerische Gestaltung der Novelle "Zwischen Himmel und Erde". In: Germanisch-Romanische Monatsschrift 31 (1943), 1/3, S. 19–30; Gebhardt (wie Anm. 2).

Die Gattungsbezeichnung ist programmatisch zu verstehen und wird entsprechend im Folgenden beibehalten werden, denn die Persona und die Haltung des Erzählers bestimmen den Zugang des Lesers zur Geschichte maßgeblich. Die spezifischen Erzählverfahren, welche auf der Figurenebene angesprochen werden, ziehen die Integrität der bürgerlichen Fassade in Zweifel und sollten auch hinsichtlich der Zuverlässigkeit der Erzählstimme hellhörig machen. Darüber hinaus legt die Rahmenhandlung in einigen entscheidenden Sätzen nahe, dass die Binnenerzählung eine Rekonstruktion der Erinnerungen Apollonius' darstellt; eine Tatsache, die den Bezugsrahmen auch für die Passagen vermeintlich authentischer Gedankenberichte deutlich verändert und die Bewertung der fiktionalen Fakten in Frage stellt. Zugleich unterlaufen mediale Störfaktoren die mühsam aufrechterhaltene Ordnung des bürgerlichen Anstandes und liefern wichtige Anhaltspunkte, um die Erzählung gegen den Strich zu lesen und letztlich zur Ökonomie des stellvertretenden Begehrens vorzudringen.

Erst die Analyse des unzuverlässigen Erzählens im Text erlaubt überhaupt, hinter dem vermeintlich objektiven Bericht mit klar organisierten Zuschreibungen von Gut und Böse zu den verschwiegenen Fakten der fiktionalen Welt vorzudringen, die trotz aller Skandalträchtigkeit des Textes nur andeutungsweise, quasi unter der Hand vermittelt werden. Mithilfe der unterschiedlichen Theorien zum Begehren offenbart sich, dass mehr verhandelt wird, als nur die Rivalität zweier gegensätzlicher Brüder um die gleiche Frau. Die zu Kain und Abel entworfene Parallelität, reicht viel tiefer, als die Erzählinstanz zugestehen möchte, denn untergründig tobt der Machtkampf um die Liebe und Gunst des Vaters: Aufgrund der väterlichen Autorität und Willkür scheint die Erbfolge unberechenbar. Mit je eigenen Mitteln führen der ältere Sohn als traditionell rechtmäßiger Erbe und der Lieblingssohn als nicht zu unterschätzender Konkurrent die Auseinandersetzung. Wenngleich ungenannt, drängt sich in diesem Punkt die zum alttestamentarischen Mythos von Jakob und Esau auf. Statt eines Wildbrets wird die Rivalität um die Frau zum stellvertretenden Schauplatz, das Begehren nach Christiane zum stellvertretenden Begehren. In dieser Konstellation rückt der Vater eine Zeit lang scheinbar in den Hintergrund, während die Beziehung der Gegner untereinander an Stärke gewinnt und von beiden Seiten homosoziales Begehren hervorruft. Der Tod des Rivalen ermöglicht Apollonius schließlich, die Stelle des Vaters einzunehmen, ohne Christiane zu ehelichen, und verrät sein eigentlich homosexuelles Interesse. Gleich einem Witwer, sorgt er für die Nachkommen seines Bruders und führt dessen Stammlinie zum wirtschaftlichen Erfolg, ohne den Wunsch zu hegen, eine eigene Familie zu gründen. Die Zustimmung

Christianes zu dieser Situation gründet in ihrem moralischen Masochismus, der durch ihre unerfüllte Sehnsucht befriedigt wird.

Die Ökonomie des stellvertretenden Begehrens wird im Text nicht gezielt offen gelegt, die erzählerische Transparenz ist nur scheinbarer Natur. Bei aufmerksamer Lektüre lässt sich dies schon zu Beginn, anhand der bedeutungsvollen Beschreibung des Verhältnisses zwischen neuem und altem Wohnhaus erahnen: Das hohe, neue Gebäude steht „[j]enseits des Gäßchens […] in vornehmer Abgeschlossenheit" und würdigt das ältere, „enge keines Blickes"; die Aufmerksamkeit ist nach vorne gerichtet: „Es hat nur für das Treiben der Hauptstraße offene Augen", die Fenster in Richtung des alten Hauses, in Richtung Vergangenheit hingegen „sind nur Scheinwerk, nur auf die äußere Wand gemalt" (S. 3). Ähnliches gilt für das im Text angewandte Erzählverfahren, was besonders in den versöhnlichen Schlussworten deutlich wird, mit denen der Erzähler versucht die im Text zum Vorschein gekommenen Spannungen und Brüche zu überdecken und vergessen zu machen. Ein wirklicher Einblick in die Zusammenhänge muss dem Text abgerungen werden.

2. Der verschwiegene und der verschweigende Erzähler

„Imagine someone telling such a story."[10]: Diese Grundhaltung gilt Theresa Heyds pragmatischer Analyse zufolge mit variabler Distanzierung des Autors für Erzählungen jeglicher Art, insbesondere aber für unzuverlässiges Erzählen[11]. Für *Zwischen Himmel und Erde* von Otto Ludwig gilt diese Aussage in doppelter Hinsicht, denn das Bild eines Erzählers wird in der Rahmenhandlung der Geschichte ausdrücklich aufgerufen. Die Aufforderung sich vorzustellen, wie jemand eine solche Geschichte erzählt, geht somit nicht nur extratextuell vom Autor, sondern zusätzlich in der Rahmenhandlung von der Persona des Erzählers aus, wodurch sich die Erzählinstanz im fiktionalen Rahmen verdoppelt. Dieser zweifachen Erzählinstanz wurde in der Sekundärliteratur bisher nicht Rechnung getragen, obwohl sie einen deutlichen Unterschied in der erforderlichen Lesart der Geschichte bewirkt. Zu Beginn der Erzählung ist der Leser in der Rahmenhandlung mit der Persona eines Erzählers konfrontiert. Diese äußere Erzählinstanz tritt deutlich als Ich hervor und will dem Leser das Verständnis der beobachteten Szene erleichtern (S. 8). Die zweite, innere Erzählinstanz, die innerhalb der Rahmengeschichte präsent ist, scheint vordergründig mit der ersten identisch, insbesondere da sie teilweise auch als Persona zutage tritt. Insgesamt agiert sie aber stärker aus dem Hintergrund, beispielsweise, indem sie die Aufmerksamkeit des Lesers auf bestimmte Entwicklungen lenkt und von anderen ablenkt und auch Bewusstseinsberichten Raum gibt. Folgt man Theresa Heyd in ihrer Argumentation, dass man in jeder Geschichte grundsätzlich vier Kommunikationspartner unterscheiden könne –

> "[a]t the intrafictional level, narrator and narratee constitute the core of the narrative act: the narrator as enunciator of the discourse, the narratee(s) as audience. [...] Symmetrically aligned with these two are the two entities at the extrafictional level: author and reader." [12]

– und sich dieses Modell für komplexere Erzählungen beliebig anpassen lasse, ergeben sich für Otto Ludwigs Erzählung insgesamt sechs Kommunikationsebenen: Autor und Leser, Erzählpersona und fiktiver Zuhörer der Rahmenhandlung sowie Erzählinstanz und Adressat der Binnengeschichte. Diese zweifache Erzählinstanz ist sehr wichtig, wenngleich möglicherweise nicht unmittelbar einsichtig, da gerade die Binnenerzählung vielfach mit der Montage

---

[10] Theresa Heyd: Understanding and handling unreliable narratives: A pragmatic model and method. In: Semiotica. Journal of the International Association for Semiotic Studies 2006 (2006), H. 162, S. 217–243, hier S. 222.

[11] Ebenda.

[12] Ebenda., S. 220.

von Bewusstseinsberichten der Protagonisten arbeitet, die scheinbar eine unmittelbare Authentizität garantieren, wodurch die verdeckt agierende Erzählinstanz leichter übersehen oder mit der Persona der Rahmenhandlung verwechselt wird. Doch in der Rahmenhandlung bestimmt die Erzählung die Koordinaten für die Binnenerzählung, welche als Rechtfertigungsgeschichte betrachtet werden kann; sie verdeutlicht hierbei, aus welchem Zusammenhang und mit welcher Perspektive die Auseinandersetzung der beiden Brüder um Christiane erzählt wird[13]:

Der Leser lernt zunächst Apollonius als friedlichen, respektgebietenden alten Mann kennen, der seinen Sonntagmorgen im Garten genießt, und erfährt andeutungsweise von der bewegten Geschichte des alten Nettenmairschen Hauses. Mögliche Fragen, die sich einem unwissenden Beobachter stellen könnten, etwa nach der Art der Beziehung zwischen Schwägerin und Schwager, werden ebenfalls erwähnt: „Denn - aber ich vergesse, der Leser weiß nicht, wovon ich spreche. Es ist ja eben das, was ich ihm erzählen will."(S. 8). ‚Es‘ bezieht sich auf die vergangenen Ereignisse, die „durch das Gedächtnis des Mannes gehen, mit dem wir uns bis jetzt beschäftigt" (S. 8), die er vom Schieferdach abliest. Nachdem die Binnenerzählung abgeschlossen ist, kehrt die Rahmung zum gealterten Apollonius Nettenmair zurück und fasst zusammen, der Leser kenne nun „alles, was dann durch Herrn Nettenmairs Seele geht, was er abliest vom Turmdache von Sankt Georg." (S. 206). Dieser Anspruch wird kurz darauf noch bekräftigt, denn nun wisse „der Leser die ganze Vergangenheit, die der alte Herr, wenn die Glocken sonntags zum Vormittagsgottesdienste rufen, in seiner Laube sitzend, vom Turmdach von Sankt Georg abliest" (S. 210). Bedeutsam ist an diesen beiden Stellen, dass es sich um die Lesart Apollonius‘ handelt, mit welcher der Leser durch die Binnenerzählung bekannt geworden ist. Die Rahmenhandlung erhebt den Anspruch, Einblick in Apollonius‘ Seelenleben, in seine Erinnerung zu gewähren – dies ist ein entscheidender Unterschied zu einem objektiven, unparteiischen Tatsachenbericht. Apollonius war einer der beiden Kontrahenten im Bruderkonflikt und ist derjenige, der letztlich als Sieger daraus hervorgegangen ist. Seine Sicht der Dinge prägt die ‚Geschichtsschreibung‘.

Die Perspektive des Bezugsrahmens, von dem ausgehend die Binnenerzählung zu lesen ist, muss folglich als parteiisch gelten, da sie auf den Erinnerungen und Deutungen von Apollonius basiert, selbst wenn sie immer wieder mit vermeintlich authentischen Bewusst-

---

[13] Zur Funktionsweise des Bezugsrahmens und der Rolle der freien indirekten Rede innerhalb desselben vgl. Manfred Jahn: Frames, Preferences, and the Reading of Third-Person Narratives: Towards a Cognitive Narratology. In: Poetics Today 18 (1997), H. 4, S. 441– 468.

seinsberichten anderer Protagonisten durchzogen ist[14]. Man könnte einwenden, dass im Verlauf des Textes immer wieder Situationen, Gedanken und eindeutig subjektiv gefärbte Passagen eingeflochten werden, über die Apollonius in keiner Weise Kenntnis haben könnte. Diese Beobachtung ist zutreffend, übersieht aber die Funktionsweise der Geschichtsrekonstruktion und Erinnerungsbildung, bei denen Lücken durch eigenständige Erklärungsversuche geschlossen und Vermutungen schließlich zur Gewissheit werden – Prozesse, die im Text durchaus reflektiert werden. Der Erinnerungsprozess als solcher ist immer prekärer Natur und von Umdeutung, Verdrängung oder nachträglichen Glättungen geprägt. Wie sehr dies der Fall ist, wird durch den Text bei der Heimkehr Apollonius eigens thematisiert: „Die Zeit malt anders als die Erinnerung. Die Erinnerung glättet die alten Falten, die Zeit malt neue dazu. Und die, mit denen er in der Erinnerung immer zusammen war, in der Wirklichkeit muß er sich erst wieder an sie gewöhnen."(S. 28). Der Unterschied zwischen Vorstellung und Wirklichkeit, die Realitätsferne der eigenen Erinnerung, die einer sich selbst immer wieder erzählten Geschichte gleicht, könnte kaum deutlicher zur Sprache gebracht werden. Was in dem Zusammenhang für die wenigen Jahre des Aufenthalts beim Vetter in Köln gilt, muss in umso stärkerem Maße berücksichtigt werden, wenn es einen Zeitraum von über dreißig Jahren betrifft. Ein stilistisches Merkmal des Textes sind die häufigen Sentenzen, welche der Leserbindung dienen[15] und gleichzeitig die Grundannahmen der erzählten Welt formen. In diesem Sinne muss auch die eben zitierte Aussage als programmatisch gelten.

Trotz der erläuterten Erzählprämissen müssen sowohl die äußere als auch die innere Erzählinstanz deutlich von der Figur Apollonius unterschieden werden. Die Erzählweise wird zwar von der Erinnerung und Deutung der Ereignisse seitens Apollonius' bestimmt, die Erzählinstanzen treten dennoch – teils explizit, teils implizit – als jeweils separate Persona in Erscheinung, die in gewissem Maße durchaus kritische Distanz wahren. Aufgrund der parteiischen Perspektivierung der Ereignisse ist nichtsdestotrotz mit unzuverlässigem Erzählen verschiedener Art zu rechnen, das im Erzählaufbau aber auch in den Figuren selbst seinen Ursprung hat.

---

[14] Ebenda., S. 454.
[15] "Der hohe Sprichwortanteil hat die Funktion, die intendierte Übereinkunft mit den Lesern zu stützen. Die Formeln sollen allgemeine und verbindliche Gültigkeit haben. Und indem dies vom Autor ins Bewußtsein gerufen wird, sichert er mit derartigen Weisheiten den Zusammenhang von Ordnung und Tabu, sorgt er zugleich dafür, daß das von ihm entworfene Bild der Realität allenthalben akzeptiert werden kann." Korte (wie Anm. 5), S. 31.

Verstärkte Aufmerksamkeit erfordert zudem die hohe ‚tellability‘ der Erzählung, die in ihrer Struktur gezielt auf den Spannungsaufbau hin ausgerichtet ist[16]. Sie orientiert sich damit in besonderem Maße an den Erwartungen der Leser und richtet sich an der gewünschten Wirkung auf denselben aus. Das begünstigt einerseits den Leseprozess, der leicht vonstatten geht und die Aufmerksamkeit zwangsläufig auf eigens hervorgehobene Themen, wie beispielsweise das Verhalten von Fritz, lenkt, und dessen amoralische Charakterzüge besonders betont, andererseits erschwert es die Wahrnehmung ‚fiktionaler Fakten‘[17], welche einem beredten Schweigen unterliegen und im Verlauf der spannungsgeladenen Handlung leicht unbeachtet bleiben können. Dennoch gibt es immer wieder Brüche in der Darstellung, durch die der Text dazu auffordert, genauer hinzusehen und die Erzählung als das zu entlarven, was sie ist: eine Form privater Geschichtsschreibung, die ganz offen „das eigene Zusammenleben"(S. 7), insgeheim aber auch den Tod, beziehungsweise Totschlag, des älteren Bruders zu rechtfertigen sucht. Um einen besseren Blick hinter die aufgebaute Fassade zu werfen, bedarf es folglich einer Analyse des Erzählverfahrens.

2.1 Verzerrte Perspektiven: die unabsichtliche Unzuverlässigkeit der Figuren

Heyd zufolge lässt sich unzuverlässiges Erzählen auf einfache und zuverlässige Art und Weise anhand von Verletzungen des durch den Pragmatiker Paul H. Grice aufgestellten Kooperationsprinzips und der zugehörigen Konversationsmaximen, insbesondere der Quantität und der Qualität, ermitteln und durch Kenntnis von Relevanztheorie und allgemeingültigen Höflichkeitsformen besser erfassen[18]. Anhand ihrer graduell unterscheidbaren Vorsätzlichkeit lassen sich drei Hauptkategorien bestimmen: stillschweigender Betrug[19], Selbstbetrug[20] und unabsichtliche Unzuverlässigkeit[21].

Die unabsichtliche Unzuverlässigkeit, die von Naivität, fehlender Bildung oder Wahnsinn der literarischen Figur herrührt[22], stellt in der Regel eine der größten Herausforderungen an den Leser, da sie ohne gesonderte Markierung im Text auftaucht und die Figur allein aus

---

[16] *Zur Spannungserzeugung vgl. William H. McClain: Otto Ludwig and the Problem of Spannung in Fiction. In: MLN 80 (1965), H. 5, S. 639–647.*
[17] Vgl. Jan Stühring: Unreliability, Deception, and Fictional Facts. In: Journal of Literary Theory 5 (2011), H. 1, S. 95–107.
[18] Vgl. Theresa Heyd (wie Anm. 10); insbesondere die Seiten 219, 225 und 227.
[19] Ebenda., S. 227–228.
[20] Ebenda., S. 228-231.
[21] Ebenda., S. 231–233.
[22] Ebenda., S.231.

dem Kontext als unzuverlässige Quelle identifiziert werden muss[23]. Durch die Montage-technik in *Zwischen Himmel und Erde* ist diese Art des unzuverlässigen Erzählens jedoch die offensichtlichste, da häufigste Kategorie und somit auch diejenige, welche am leichtesten durchschaut wird. Insbesondere die Binnenhandlung kennzeichnet sich durch Gedanken-berichte und inneren Monolog der Figuren[24], die in ihrer Gegenüberstellung deutlich machen, wie stark die unterschiedlichen Wahrnehmungen von den tatsächlichen Ereignissen abwei-chen. Diese unabsichtliche Unzuverlässigkeit betrifft ausnahmslos alle vier Protagonisten[25], wenngleich die besondere Form der Wirklichkeitsverzerrung der einzelnen Figur immer in deren ‚eigenem' Abschnitt am deutlichsten wird, wie Hermann Böschenstein in seiner Strukturanalyse herausgearbeitet hat[26]. Die Erscheinungsformen der Wirklichkeitsverkennung und damit auch der dem Leser präsentierten Fehlinformation sind dabei jeweils individueller Natur.

Zunächst zeigt sich vor allem Apollonius Nettenmairs Gutgläubigkeit seinem Bruder gegenüber, mit der er Fritz hinsichtlich dessen – unglücklicherweise im doppelten Wortsinn – stellvertretenden Werbens um Christiane vertraut. Dieser belügt ihn nach Strich und Faden, trifft sich selbst mit dem Mädchen und schickt seinen Bruder schließlich in die Ferne, ohne dass dieser Argwohn schöpfen würde. Auch nach seiner Rückkehr ist Apollonius lange Zeit nicht in der Lage, den Betrug seines Bruders aufzudecken, bis er schließlich nicht mehr umhin kann, den Tatsachen ins Auge zu sehen. Dass diese Naivität ein grundlegender Zug in Apollonius' Wesensart ist, deutet sich schon an, bevor der eigentliche Konflikt überhaupt begonnen hat. Ausgangssituation ist die Unterredung über den Vater, bei der sich Fritz respektlos über dessen autoritären Führungsstil äußert und Apollonius Anlass gibt, einerseits bekümmert zu sein, sich andererseits damit zu trösten, „der Bruder bewies[e] ja seine Liebe und Achtung vor dem Vater durch die Tat seines Gehorsams", so dass er sich sicher ist, „daß seine [Fritz'] Reden nicht so wild gemeint waren, als sie klangen"(S. 12). Es erweist sich hierbei, dass Apollonius seinem Gegenüber keine anderen als aufrichtige und wohlwollende Motive zu unterstellen in der Lage ist. Dass Fritz' sogenannte ‚Tat seines Gehorsams' wenig

---

[23] Ebenda., S. 232–233.

[24] Vgl. William J. Lillyman: The Interior Monologue in James Joyce and Otto Ludwig. In: Comparative Literature, 23 (1971), S. 45–54.

[25] Auch der Vater zählt neben den beiden Brüdern und Christiane zu den Hauptprotagonisten, wie der Text unmissverständlich deutlich macht: „Es ist natürlich, daß die guten Leute sich wundern; sie wissen nicht, was damals in vier Seelen vorging, und wüßten sie es, sie wunderten sich vielleicht nur noch mehr.", (S. 7).

[26] Die Struktur der Erzählung lässt sich in vier Abschnitte unterteilen, denen jeweils einer der Hauptcharaktere seinen Stempel aufdrückt, vgl.: Hermann Böschenstein, Rodney Symington: Zur deutschen Literatur und Philosophie. Ausgewählte Aufsätze, New York 1986.

mit ‚Liebe und Achtung' zu tun hat und letztlich nur die überlegene Position des alten Nettenmairs anerkennt, aufgrund derer es keineswegs geraten wäre, sich zu diesem Zeitpunkt auf einen Machtkampf mit dem Vater einzulassen, sofern Fritz seine Stellung als ältester Sohn nicht gefährden möchte, kommt Apollonius nicht in den Sinn. Die Textpassagen, welche die Wahrnehmung Apollonius' wiedergeben sind durchweg von dieser Gutgläubigkeit gefärbt, selbst nachdem er sich offiziell vom ‚Träumer' zum erwachsenen Mann entwickelt hat[27]. Die derartige Unzuverlässigkeit ist im Diskurs eindeutig markiert.

Ebenso schafft sich der alte Nettenmair seine eigene Welt, wenngleich unter umge-kehrtem Vorzeichen: Wo sich Apollonius durch Naivität und Arglosigkeit auszeichnet, beweist sein Vater ausgeprägten Argwohn und misstrauische Voreingenommenheit: „Aus jedem hört er etwas heraus, was nicht drin ist; seine gespannte Phantasie baut Felsen daraus, die ihm die Brust zerdrücken, aber er fragt nicht." (S. 59). Auf diese Art und Weise gelingt es ihm bis zum Schluss nicht, einen tatsächlichen Kontakt zu seinem jüngeren Sohn aufzubauen, obwohl er mit diesem zusammenlebt. In Apollonius' „vorgegebene[r] Schonung" erkennt er „Eigenmächtigkeit und die Lust, ein verdecktes Spiel zu spielen" und fühlt sich aufgrund seiner Hilflosigkeit der „Verachtung" seines Sohnes ausgesetzt (S. 177-178). Häufig ist die Perspektive des alten Nettenmair aber von einem Kommentar des Binnenerzählers begleitet, so dass ihre Glaubwürdigkeit von vornherein in Frage gestellt wird. Eine bezeichnende Ausnahme bildet hierbei der ‚Urteilsspruch' über Fritz (S. 141-145), als es wahrscheinlich erscheint, dass der jüngere aufgrund eines vom älteren Sohn manipulierten Seils zu Tode gestürzt ist: „Herr Nettenmair brauchte nicht zu fragen; er wußte, ohne daß es ihm einer zu sagen brauchte, was geschehen war." (S. 138). Diese Einschätzung des alten Nettenmair blieb in der literaturwissenschaftlichen Forschung bisher leider unhinterfragt.

Anders als die anderen erliegt Christiane nicht ihren eigenen falschen Vorstellungen, sondern den Einflüsterungen ihres Mannes. Insbesondere zu Beginn fehlt ihr der klare Blick auf die wirklichen Verhältnisse, stattdessen lässt sie sich durch Fritz' Lügen über die wahren Gefühle Apollonius' täuschen. Daraufhin findet sie in allem eine Bestätigung ihrer Weltsicht, so dass sie Apollonius Einfluss selbst „in dem veränderten Benehmen des Gatten erkannte - nur nicht in dem Sinne, in dem er es wirklich war."(S. 57). Ihre Ablehnung Apollonius gegenüber sitzt so tief, dass sie diese nicht ohne fremde Hilfe überwinden kann (S. 61, 72ff, 83f):

---

[27] Die offizielle ‚Rehabilitierung' seitens der Erzählinstanz erfolgt schon bei der Rückkehr Apollonius' in seine Heimatstadt: „Ob die Veränderung, die mit unserm Wanderer in der Fremde vorgegangen, seinen Bruder ebenso erfreuen wird wie die Nachbarn?", (S. 30).

Es sind die Beobachtungen Ännchens, der Tochter und Vertrauten Christianes, die ihre Wahrnehmung schließlich verändern, und sie offen für die darauffolgenden Entdeckungen machen. Als Medium des unzuverlässigen Erzählens gewinnt Christiane allerdings erst an Bedeutung, als sie beginnt, ins andere Extrem zu verfallen und den Schwager zu glorifizieren. Dass ihre Einschätzung seiner moralischen Integrität und unfehlbaren Persönlichkeit nicht realistisch sein kann, versteht sich schon anhand der ungebrochenen Bewunderung und Kritiklosigkeit, mit der sie ihm begegnet, an ihn denkt und sich ihm unterwirft. Diese besondere Form der unabsichtlichen Unzuverlässigkeit sollte insbesondere deshalb nicht unterschätzt werden, weil sie den Gesamttenor des Textes, der die beiden Brüder einander gegenüberstellt und Apollonius zum Guten und Fritz zum Bösen stilisiert, in besonderem Maße stützt.

Am eindringlichsten setzt sich der Text mit Fritz' verzerrter Wahrnehmung der Wirklichkeit auseinander und rückt sie in die Nähe von Verfolgungswahn, der nach und nach das ganze Denken und Fühlen einnimmt und sein Handeln bestimmt und sich aus dem eigenen schlechten Gewissen speist, den Bruder hintergangen zu haben (S. 53). Sein Denken habe eine „argwöhnische[] Richtung" eingeschlagen, so dass er in „allem, was der Bruder tun mochte, eine Absicht, eine planmäßige Berechnung" vermutet. „Die brüderliche Freundlichkeit und Achtung, mit der ihn Apollonius behandelte, war eine Maske" und Fritz ist sich sicher, sich nur mithilfe der gleichen Falschheit gegen Apollonius verteidigen zu können (S. 52, 55). Das familiäre Zusammenleben nimmt in Fritz' Erleben kriegsähnliche Züge an; er sieht sich von heimtückischen „Feinden" (S. 119) umgeben, seine eigene Tochter erscheint ihm als „Spion"(S. 80) und Apollonius betrachtet er sogar als seinen „Todesfeind[]"(S. 71), der über „schlimmen Pläne[n]" brüte (S. 52, 55), aufgrund derer Fritz selbst unbedingt wachsam bleiben müsse. Dass in dieser kriegerischen Atmosphäre irgendwann Mordgedanken aufblitzen (S. 120ff), verwundert nicht. Eindrücklich wird geschildert, wie Fritz nach und nach seinen eigenen Betrug ausblendet und er schließlich seine eigenen Lügen als bewusste Irreführung und Täuschungsmanöver seiner ‚Feinde' Apollonius und Christiane ansieht, die ihn hintergehen und um alles, was sein Leben lebenswert macht, bringen wollten: „Du mußt mich noch um meinen Verstand bringen, damit ich dein Märchen glaube" (S. 101), schleudert er dem Bruder schließlich voller Hass entgegen. Die Wahrnehmung eines brüderlichen Machtkampfes steigert sich auf der Seite von Fritz zusehends ins Bedrohliche, bis sie in der letzten, gewalttätigen Auseinandersetzung der beiden Brüder ihre abschließende Bestätigung erfährt: Als Apollonius im Kampf mit ihm diesen voller Zorn von sich stößt, höhnt Fritz befriedigt, dass der Jüngere nun „endlich [s]ein wahres Gesicht" (S. 171) zeige. Kurz darauf stürzt Fritz vom Kirchendach. Auffällig ist in der Darstellung des vermeintlichen Wahnsinns Fritz Nettenmairs die kommentierende Funktion der Erzählinstanz, die durch Randbemerkungen keinerlei Zweifel daran aufkommen lässt, dass es ich hierbei um eine verzerrte Wirklichkeitsauffassung handle und Apollonius das arglose Opfer seines von eigener Schuld zerfressenen Bruders sei. In diesem Sinne kann in Bezug auf die Textpassagen, die Fritz innerem Erleben Ausdruck verleihen, kaum von unbeabsichtigter Unzuverlässigkeit die Rede sein, da sie durch die Erzählstimme immer von einem starken Korrektiv begleitet wird.

Der Kontrast zwischen diesen vier auf unterschiedliche Art und Weise unzuverlässigen Protagonisten verdeutlicht den mangelhaften Wirklichkeitsbezug in der Wahrnehmung sowie die daraus resultierenden kommunikativen Hindernisse, die einen wirklichen Austausch der Figuren untereinander unmöglich machen[28]. Zugleich gibt die innere Erzählinstanz in der selektiven Gegenüberstellung eine klare Präferenz vor, wer als der Schuldige an der Gesamtsituation anzusehen sei.

2.2 Erzählverfahren auf Figurenebene

Um die Unzuverlässigkeit des Textes vollständig zu durchdringen, muss in die Interpretation mit einbezogen werden, wie sehr die Wirklichkeit der Protagonisten durch sprachliche Prozesse geformt wird. „Noch bevor die eigentlichen Humanbeziehungen entstehen, sind gewisse Verhältnisse schon determiniert. [...] Signifikanten organisieren auf inaugurierende Weise die menschlichen Verhältnisse, geben ihnen Struktur, modellieren sie."[29] Dieser Effekt tritt im Text nicht nur durch die inhärente Ordnung der langage[30] ein, sondern auch durch die Nutzung der Sprache seitens der Protagonisten. Mithilfe erzählerischer Strategien bestimmen die Figuren ihre individuelle Wahrnehmung der Ereignisse und festigen ihr eigenes Selbstbild. Die Sprache ist dabei so wirkmächtig, dass sie eine eigene Realität erzeugen kann, die seitens der Protagonisten unhinterfragte Gültigkeit besitzt. Einzelne Fakten fügen sich dadurch zu einem harmonischen Ganzen zusammen und bekommen eine verbindliche Deutung verliehen, die ihrer eigentlichen Bedeutung zum Teil zuwiderläuft, wie insbesondere nachträgliche Umdeutungen der Ereignisse sowie interessegeleitete Manipulationen zeigen.

---

[28] Vgl. Barbara Osterkamp: Arbeit und Identität. Studien zur Erzählkunst des bürgerlichen Realismus. Dissertation. Reihe Literaturwissenschaft, XII, Würzburg 1983, S. 155.

[29] Jacques Lacan: Das Freudsche Unbewußte und das unsere. In: Das Seminar von Jacques Lacan, XI, Olten, Freiburg im Breisgau 1978, S. 23–34, hier S. 26.

[30] Langage ist hier im Sinne Lacans als Struktur der Sprache zu verstehen.

Folglich wird die Wirklichkeitsauffassung der Protagonisten durch gezielt oder unbewusst eingesetzte Narrative steuerbar – sowohl im aktiven wie im passiven Sinne. Die gewählte Darstellungsweise gibt eine bestimmte Denkrichtung vor und erschwert oder verhindert andere Blickwinkel auf die Ereignisse. Der Text streut Zweifel an der Zuverlässigkeit der gesamten Erzählung auch auf der Ebene des discours, indem er die auf Ebene der histoire eingesetzten Erzählmaximen andeutungsweise transparent macht. Dies geschieht, mittels einer widersprüchlichen Bewegung durch Montage und Reflexion der gewählten Erzählverfahren; eine Technik die ein Zusammenspiel von use und mention wahrscheinlich werden lässt. Augenfällig sind innerhalb der Binnengeschichte die Neubewertungen der Zusammenhänge durch die Protagonisten selbst. Dem Leser, der die Situation aus der Wahrnehmung der unterschiedlichen Figuren kennt, bieten diese tatsächlichen oder vermeintlichen Erkenntnisse inhaltlich wenig Neues, sie verdeutlichen allerdings das schrittweise Herantasten an die tatsächlichen Vorgänge. Implizit spiegelt sich darin der Meinungsbildungsprozess, wie er bei allen Protagonisten stattfindet, und welcher die verzerrte Wahrnehmung teils verstärkt, teils abschwächt, wider. Die zugrundeliegende Sichtweise eines Charakters erweist sich diesbezüglich in hohem Maße als beständig, so dass nur einschneidende Neuentdeckungen eine Wahrnehmungsveränderung hervorrufen. Leichtere Widersprüche werden hingegen in das bereits bestehende Weltbild integriert, solange dies irgend möglich ist. Dieses Verfahren, mittels einzelner Fakten eine gewisse Kohärenz in der Deutung herzustellen, findet sich auch auf der Ebene der Erzählung selbst: Im Sinne der Gesamtinterpretation störende und unliebsame Elemente werden nur flüchtig und wie nebenbei abgehandelt, während bestimmte Leitmotive und Szenen in den Vordergrund gerückt werden und deutlich mehr Raum einnehmen, da sie die Grundaussage des Textes unterstreichen[31].

Wie beherrschend und zerstörerisch der unerbittliche Mechanismus eines festgefügten Weltbildes sein kann, auf dessen Grundlage alle neuen Situationen bewertet werden, zeigt sich an Fritz, der letztlich keine Neubewertung zulassen kann, sondern bis zum bitteren Ende seine Sicht auf die Wirklichkeit aufrechterhält. In der gesamten Geschichte erlebt er zwei Momente der Klarheit und Selbsterkenntnis, in denen er womöglich seine Einstellung und sein Verhalten hätte ändern können, doch seine kämpferisch gestimmte Verteidigungshaltung in einer ihm vermeintlich feindlich gesinnten Familie erlaubt ihm dies nicht.

---

[31] Vgl. dazu Kapitel 2.3.: Parteilichkeit der inneren Erzählinstanz.

Die erste Gelegenheit ergibt sich nach dem Tod Ännchens, als Fritz erschüttert erkennen muss, dass sein Hass und seine Gewalttätigkeit gegen Christiane seiner Tochter das Herz gebrochen haben; doch der Augenblick der Reue weicht angesichts der Unversöhnlichkeit seiner Frau schnell einem gedanklichen Selbstrechtfertigungsprozess. Wie dies abläuft, hebt der Text deutlich hervor: „Je mehr er daran herumgreift mit seinen Gedanken, desto klarer fühlt er [...] wie gelegen seinen Feinden dieser Schlag kam."(S. 119). Indem er schrittweise seine Blickrichtung sowie die Gewichtung der Ereignisse verschiebt, zieht er sich gedanklich aus der Rolle des Täters wieder in die des Opfers zurück: „[V]or ihr hatte er gelegen wie ein Wurm, vor ihr, die vor ihm hätte liegen sollen. Und sie hatte ihn noch zurückgestoßen, mit Verachtung zurückgestoßen!"(S. 119). Er konzentriert sich auf das ihm angetane Unrecht, die Härte, die ihm entgegenschlägt, statt auf seinen eigenen Beitrag, mit dem er diese Situation erst herbeigeführt hat. Der gleiche Mechanismus hatte schon zu seiner Einstellung Apollonius gegenüber geführt und zu der Überzeugung, diesem viel zu verzeihen zu haben (S. 41). Folglich gelingt es ihm, innerlich jegliche Verantwortung von sich abzuwälzen: „Was noch aus ihm werden konnte, dazu hatte sie ihn gemacht. Er hatte die Hand geboten; er war ohne Schuld." (S. 119). Der zweite Moment der Klarheit läuft vergleichbar ab: Als Fritz mit Schrecken erkennt, dass er kurz davor steht, einen Mordanschlag auf seinen Bruder zu verüben, ist er einen Moment lang über sich erschrocken, weist dann aber alle Verantwortung von sich: „Er sagte sich, so weit sollen sie ihn nicht bringen."(S. 125). Auch in diesem Fall entsteht die Motivation vorgeblich wieder durch die Verhaltensweisen der anderen. Seine Selbstbeurteilung ist somit eindeutig: Fritz sieht sich als unterlegenes Opfer, das von seiner Umgebung in Momenten des Kontrollverlusts dazu getrieben wird, gegen seinen Willen gewalttätig zu werden. Nur mit dieser Überzeugung gelingt es ihm, sein positives Selbstbild aufrecht zu erhalten. Wissen und Einsichten, die sein Selbstbild bedrohen könnten, lässt Fritz nicht an sich herankommen. Ein Neuanfang ist aus der geschilderten unkritischen Selbstwahrnehmung heraus nicht möglich.

Die Weltsicht des jüngeren Bruders erweist sich als weniger festgefügt. Anders als bei Fritz und später Valentin findet bei Apollonius eine Umdeutung statt. An einem gewissen Punkt ist er dazu gezwungen, aufgrund neuer Erkenntnisse, die seinen bisherigen Annahmen widersprechen, alte, vermeintliche Gewissheiten aufzugeben und durch nahezu gegenteilige zu ersetzen. Dies tritt ein, als ihm nach und nach und immer noch von Zweifeln begleitet, aufgeht, dass Christianes Abneigung gegen ihn nur auf einer Täuschung seines Bruders beruht. Fritz und Christiane tauschen in seiner Wahrnehmung die Plätze, was ihre Zuneigung beziehungsweise Abneigung ihm gegenüber betrifft. Dieser abrupte Wechsel geht nicht ohne innere Kämpfe vor sich und erfordert eine radikale Anpassung seiner Weltdeutung. Zuvor unverständliche Beobachtungen ergeben nun einen Sinn: „Gar manches, das er nicht begriffen, als er es geschehen sah, erhielt Licht von dieser Annahme und half sie wiederum bestätigen", und andere verlieren trotz letzter Zweifel: „hat die Frau nicht wirklich ihm Abneigung gezeigt?", ihre scheinbare Bedeutung (S. 112f). Der Paradigmenwechsel wird konstruktiv bewältigt und führt zu einer neuen Sicht auf die Dinge, gestützt durch die gleichen Fakten wie zuvor: „[W]enn Apollonius das Buch der Erinnerungen zurückblätterte, mußte er sich in seiner Meinung, der Bruder sei eifersüchtig auf ihn, bestärkt fühlen." (S. 112). Wie zuvor ist es die zugrundeliegende Idee, die den Fakten ihre Bedeutung verleiht, diesmal jedoch mit entgegengesetzter Bedeutung.

Christianes Verhältnis zu Apollonius unterliegt einer vergleichbaren Dynamik; anfangs empfindet sie vor allem Mitleid – „Du hast mich gedauert. Daß du so still warst und trüb und so allein, das hat mir weh getan."(S. 156) – die Einflüsterungen von Fritz bringen sie dann allerdings dazu, ihren späteren Schwager zunächst abzulehnen. Der von Ännchen geäußerte Gedanke, Christiane könnte Apollonius mit ihrer Abneigung verletzt haben, ruft erste Zweifel hervor, welche die bis dahin gegebene Deutung zersetzen. Doch erst die ‚Offenbarung' ihres Mannes, dass sie sich mehr von Apollonius wünsche, als ihrer Stellung einer verheirateten Frau ziemlich sei, lässt sie bewusste Gefühle der Liebe für ihn empfinden: „[D]u hast mich immer noch gedauert, und ich hab' dich immer noch geliebt und wußt' es nur nicht. Er selbst hat mir's erst gesagt." (S. 156). Aufschlussreich ist hierbei die Verbindung von Mitleid und Liebe, die sich im weiteren Verlauf aufgrund der Vorstellung von Apollonius moralischer Integrität in Bewunderung und Verehrung verwandeln. Fraglich ist, wie sehr die mitleidsvolle Zuneigung Christianes tatsächlich bereits als Liebe bezeichnet werden kann oder nur eine ungeformte Empfindung darstellt, die erst durch den Gedanken und die Benennung Wirklichkeitscharakter gewinnt. Wie bei den anderen Protagonisten ist es wesentlich, dass die Umdeutung umfassender Art ist und somit rückwirkend auch die Vergangenheit beeinträchtigt, indem sie diese mit neuer Bedeutung versieht.

Neben den Umdeutungen bereits bekannter Fakten spielen auch Wirklichkeitskonstruktionen durch unzuverlässiges Erzählen eine wichtige Rolle. Während die bisher betrachteten Reinterpretationen der Geschehnisse sich in erster Linie für die Protagonisten selbst als relevant erweisen, zielen die Wirklichkeitskonstruktionen der Figuren im Wesentlichen auf ein Gegenüber, das es zu beeinflussen gilt, um der eigenen Perspektive Geltung zu verschaffen. Eine Ausnahme bildet hierbei das Stadtgespräch, das zwar fehlende Informationen durch Spekulation auszugleichen sucht, allerdings ohne dabei einen bestimmten Zweck zu verfolgen, der über befriedigte Neugier hinausreichte. Andere Narrative kommen weniger unschuldig daher, sondern richten sich ganz auf die Rezipienten aus, bei denen die gewünschte Wirkung mithilfe unterschiedlicher sprachlicher Mittel erreicht werden soll. Allen diesen Darstellungen ist gemeinsam, dass sie Varianten unzuverlässigen Erzählens auf der Ebene der histoire repräsentieren und zugleich ihren Gebrauch in der Gesamterzählung reflektieren. Sie unterscheiden sich hinsichtlich des Grades ihrer Unzuverlässigkeit und in der Art der Erzählverfahren.

Die Zweifelhaftigkeit aus Erzählungen gewonnener Gewissheiten, insbesondere wenn sie auf unvollständiger Information aufbauen, ohne dies kenntlich zu machen, verdeutlicht das Stadtgespräch. Nachdem bekannt wird, dass ein Schieferdecker, mutmaßlich Apollonius, verunglückt ist: „lief ein halblaut und schnell Ausgesprochenes durch die Straßen", Grüppchen bilden sich und „im schnellen Vorübereilen" werden die Neuigkeiten ausgetauscht (S. 138). Wie sich hinterher herausstellt, liegt der Geschichte des im Brambach Verunglückten ein Missverständnis, in diesem Fall eine Ortsverwechslung, zugrunde. Dennoch bestimmt es die Handlungsweise aller Beteiligten, insbesondere die des alten Nettenmair, obwohl dieser ironischerweise hofft, es möge sich um eine Fehlinformation handeln und die unsichere Datenlage mit seiner Vermutung vorwegnimmt: „Die Leute haben falsch gehört. Es hat nichts zu sagen" (S. 138). Diese Hoffnung beschwört er geradezu und glaubt doch nicht daran, wie seine Taten zeigen. Stattdessen konfrontiert er Fritz mit dem bestehenden, indizienbasierten Verdacht, den er als Gewissheit ausgibt und von dem er sich weder durch Flehen noch durch Leugnen abbringen lässt.

Die Macht der öffentlichen Meinung tritt später erneut bei der schlechten Nachrede an Fritz' Grab zu tage. Offiziell wird Fritz Nettenmair mit allen Ehren bestattet, inoffiziell wegen seines früheren Auftretens und seines übermäßigen Alkoholkonsums verachtet: „[S]ie graben den Toten wiederum aus den nassen Totenblumen heraus, womit sie seine menschliche Blöße bedeckt. Seinetwegen wär' der Hammer über ihm voll dunkeln [sic] Rosts der Schande;" (S. 174). Auch hier fällt das Urteil, ohne dass sämtliche Fakten bekannt wären. Von der eigentlichen Auseinandersetzung der Brüder dringt nichts nach außen. Und so verwundert es nicht, dass der jüngere Bruder den Ruhm davonträgt: „Apollonius ist's, dem er dankt, daß das Werkzeug so ehrenblank über seinem letzten Bette liegt. Und ob er's um ihn verdient hat? Das will keine sagen." (S. 174).

Auch ist die beschönigende, zweckorientierte Darstellung wird thematisiert. Gegenüber dem auf Spekulation basierten Klatsch und Tratsch der Stadtbevölkerung hebt sich die dem Stadtgespräch vorangegangene Berichterstattung des Bediensteten Valentin eindeutig als propagandistisches Narrativ ab. Er unterrichtet den alten Nettenmair von den jüngsten Vorgängen zwischen seinen Söhnen und dem vermuteten Unglück, dem tödlichen Sturz Apollonius' aufgrund einer Manipulation an den Seilen durch die Hand des Bruders, indem er gezielt Partei ergreift: „Valentin suchte nicht den Schatten zu vertiefen, der auf Fritz Nettenmairs Handeln fiel; aber wie er den alten Herrn kannte, schien es ihm nötig, das brave Tun Apollonius' in das hellste Licht zu stellen." (S. 134). Die entlastende Eifersucht von Fritz verschweigt er, bewusst oder unbewusst, und zeichnet im Wesentlichen das Bild „eines leichtsinnigen, ehr- und vergnügungssüchtigen Verschwenders, der, trotz aller Bemühungen seines besseren Bruders, ihn zu halten, bis zum gemeinen Wüstling und Trunkenbold herabsank" (S. 134). Dem stellt er Apollonius gegenüber, als Inbegriff „eines treuen Bruders, der dem Verschwender notgedrungen die Sorge um Ehre und Bestand von Geschäft und Haus aus den Händen nimmt, um diese Ehre zu retten, und von dem Gefallenen dafür bis in den Tod verfolgt wird" (S. 134). Betrachtet man die Tatbestände gesondert und unvorbelastet von der Erzählperspektive, läuft das Verhalten beider Brüder auf unterschiedlichen Ebenen gleichermaßen auf einen Machtkampf hinaus, doch Apollonius war von Anfang an Valentins „Liebling" (S. 33), so dass es sich versteht, wessen Anliegen letzterer eloquenter vorträgt. Dies ist das deutlichste textinterne Beispiel auf Handlungsebene, das vorführt, wie geschicktes Akzentuieren der Wahrheit genutzt werden kann, um beim Zuhörer das gewünschte Ergebnis zu erzielen – und wie störanfällig diese punktgenaue Kommunikation sein kann. Denn Valentin „verrechnete sich in der Wirkung, die er damit beabsichtigte" (S. 134) und bringt den alten Nettenmair auch gegen seinen jüngeren Sohn auf. Hier beweist sich erneut die Wirksamkeit vorgeformter Überzeugungen, die den alten Herrn dazu bewegen, in allem einen Akt der heimlichen Rebellion zu entdecken. Entscheidender ist allerdings der unterschiedliche Umgang der Protagonisten mit unliebsamen Informationen – während bei Fritz erst ein längerer Selbstrechtfertigungsprozess einsetzt, blendet Valentin missliebige Aspekte einfach aus, um die gewünschte Wirkung zu erzielen. Exemplarisch offenbart sich hier das ungleiche Verfahren, mit dem die Erzählung einerseits Fritz und andererseits Apollonius darstellt.

Der stillschweigende Betrug wird ebenfalls reflektiert. Verglichen mit der beschönigenden beziehungsweise parteiischen Ausgestaltung der Vorgänge wiegt diese Form des unzuverlässigen Erzählens ungleich schwerer. „Quiet deception not only constitutes a drastic deviation from pragmatic standards but also breaches a social taboo: like lying, it is held to be morally unacceptable"[32]. Genau dessen macht sich Apollonius schuldig, nachdem sein Bruder Aufsehen erregend zu Tode gestürzt ist: „Tief unter ihnen hört man den Fall eines schweren Körpers auf dem Straßenpflaster. Ein Aufschrei schallt zugleich von allen Seiten. Bleiche, lebende Gesichter sehen auf ein bleicheres totes herab, das blutig auf dem Straßenpflaster liegt." (S. 171). Mitleidslos geht die Erzählinstanz über diese drastische Szene hinweg, indem sie direkt im Anschluss schildert, wie der Sinngebungsprozess nach dem Tod von Fritz abläuft und sein Alkoholismus zur Erklärung seines tödlichen Sturzes herangezogen wird: „Es hat alles in der Welt seinen Nutzen; wenn nicht für den, der es treibt oder an sich hat, so doch für andere." (S. 171). Diese Aussage ist, wenn auch durch einen Absatz getrennt, gleich nach der ‚Nahaufnahme' von Fritz' zerschmettertem Gesicht höchst ambig. Vordergründig ist die Sentenz der darauffolgenden Analyse der kleinstädtischen ‚Geschichtsschreibung' zuzurechnen, doch die kontextuelle Implikatur, die entsteht, ehe man die darauffolgenden Sätze liest, lässt sich nicht tilgen: Es entsteht der Eindruck, als habe der Tod, nicht der Alkoholismus von Fritz, seinen ‚Nutzen' für Apollonius.

Vordergründig behandelt der Abschnitt die durch ‚glückliche' Umstände entfallende Erklärungsnot, in welche die Familie unter anderen Bedingungen geraten wäre, denn es war „kein Wunder, daß jeder, der den Tod Fritz Nettenmairs erfuhr, ihn jenem Laster auf die Rechnung stellte" (S. 172). Wie zuvor zeigt sich das Muster, dass der neue Sachverhalt einfach in eine bereits vorgefasste Meinung eingefügt wird und es „niemand[em] ein[fällt], rückwärts auf [...] kaum beachtete Umstände Gewicht zu legen". Die „Mühe" der Deutung haben nur die unmittelbaren Augenzeugen, „die andern erfuhren schon die fertige Geschichte" (172). Das positive Vorurteil, dass seine Umgebung über Apollonius pflegt, führt dazu, dass er keinerlei Verdacht ausgesetzt ist: „Man erzählte ihm, anstatt ihn erzählen zu lassen. [...] Er schwieg daher über das, worum man ihn nicht fragte." (S. 173). Aufgrund seines umfangreicheren Vorwissens, konstruiert sich der alte Nettenmair seine eigene Interpretation der Vorgänge, in der sein Ältester freiwillig in den Tod gegangen sei, denn „[a]lles, was er vernahm, bewies ihm, der Unglückliche wollte die Ehre seines Hauses schonen" (S. 173). Auch ihm verschweigt Apollonius die Wahrheit (S. 161f). Der allgemeine, stillschweigende Betrug Apollonius findet offen Erwähnung, doch die im Text begründete Sympathie des Rezipienten mit ‚unserem Helden' überwiegt. Im Vordergrund steht die Erleichterung darüber, dass „die Gefahr, die der Ehre der Familie gedroht [hatte,] glücklich vorüber[ging]"

---

[32] Theresa Heyd (wie Anm. 10), S. 228.

(S. 172f). Die auch in anderen Belangen bis in die engsten Verwandtschaftsverhältnisse hineinreichende Unehrlichkeit Apollonius'[33], die einer wenngleich verständlichen, nichtsdestoweniger berechnend eingesetzten Informationspolitik gleichkommt, wirft generelle Fragen an der Redlichkeit der Hauptfigur auf. Zumindest muss bezweifelt werden, dass er seinem Vater gegenüber aufrichtig antwortet, wenn dieser ihn über unangenehme Dinge befragt.

Ebendiese Problematik des Verschweigens betrifft Apollonius' Aussage zu den Todesumständen des Gesellen. Offensichtlich ist der Geselle gestorben, weil er das manipulierte Seil eingesetzt hatte, mit dem Apollonius hätte verunglücken sollen. Das Abhandenkommen des Seils aus den eigenen Beständen rechtfertigt Apollonius zweimal auf unterschiedliche Weise: Zunächst erzählt er Valentin, er selbst habe das Seil verliehen. Als bekannt wird, dass der Geselle damit ums Leben gekommen ist, besänftigt er seinen Vater, indem er ihm erzählt, der Gestorbene habe das Seil unerlaubterweise entwendet. Die Ähnlichkeit seiner Zeugenaussage zu der des Nachbarn in Bezug auf die Manipulation der Seile, die verdächtige Person sei gesehen worden, wie sie über den Hof schlich, ist verblüffend: Auch Apollonius will den Verdächtigen am Vorabend gesehen haben, wie er über den Hof schlich. Damit sind textintern alle weiteren Fragen abgewendet. Für den aufmerksamen Leser ergeben sich aber gerade dadurch Fragen: Wenn das Seil gestohlen wurde, warum hätte Apollonius das Valentin nicht mitteilen können? Wem hat er die Unwahrheit gesagt, seinem Vater oder dem Bediensteten? Und welche weiteren Varianten der Geschichte existieren noch? Denn als er erfuhr, dass der Geselle mit seinem Seil abgestürzt war, „durfte er sich natürlich nicht zu dem Eigentumsrechte daran bekennen; er mußte seiner Ehrlichkeit sogar den Zwang antun, durch Erdichtungen fremder Vermutung der Wahrheit zuvorzukommen." (S. 161f.). Um welche ‚Erdichtungen' handelt es sich also? Und weshalb fürchtet er sich, den toten Gesellen, des Diebstahls zu bezichtigen, der doch sicher nicht nur in der Nettenmairschen Familie negativ aufgefallen war? Über diese Ungereimtheiten breitet der Text den Mantel des Schweigens und geht schnell zu den darauf folgenden Ereignissen über, als sei es gewiss, dass der letzten Aussage Apollonius' Glauben geschenkt werden dürfte – obwohl das „Zurückhalten" wichtiger Informationen ein gemeinsamer „Familienzug" ist (S. 207).

---

[33] So beispielsweise hinsichtlich der Beziehung Apollonius' zu Christiane: „Das konnte er dem Vater nicht sagen. Erfuhr dieser das wahre Verhältnis der beiden jungen Leute, so drang er nur noch stärker auf die Heirat. Dann hätte er ihm auch sagen müssen, wie der Bruder den Tod gefunden. Er hätte ihn nur tiefer beunruhigen müssen." (S. 206).

Noch fragwürdiger wird die Angelegenheit, wenn man die akribische Gründlichkeit von Apollonius' Charakter bedenkt. Valentin beruhigt Christiane angesichts der Nachricht vom vermeintlichen Tod Apollonius' mit eben diesem Charakterzug, der ein solch vermeidbares Unglück nahezu unmöglich mache: „[S]o gab es doch Hoffnung, daß Apollonius schon auf dem Rückweg sein müsse. Er habe gewiß das Tauwerk noch einmal untersucht" (S. 130). Diese Vermutung ist umso naheliegender, als Apollonius sich aus ungeklärten Gründen trotz ausführlicher Kontrolle am Vorabend nicht für bestimmtes Seilzeug hatte entscheiden können (S. 128). Sollte Apollonius die Seile jedoch noch einmal untersucht haben, so hätte er den Fehler bemerken müssen und beim Verleih des beschädigten Exemplars den Tod des missliebigen Gesellen billigend in Kauf genommen, gar eine Art Mittäterschaft übernommen. Dies würde auch die vielen verschiedenen Versionen der Geschichte erklären sowie Apollonius' Bemühen, nicht mit dem schadhaften Seil in Verbindung gebracht zu werden. Definitive Auskunft zu dieser Problematik gibt der Text nicht. Wie die einander so ähnlichen Protagonisten, Vater und Sohn, verfährt auch der Text nach der Maxime: Reden ist Silber, Schweigen ist Gold. Was die inhaltliche Ebene offen erwähnt, wird auf der Metaebene verdeckt angewandt. In den Worten Heyds:

> "[U]se is the standard case of reference, whereas mention concerns metalinguistic utterances. [...] I would like to suggest that narrative fiction constitutes an echoic utterance per definitionem: through its dual nature, it is a case of simultaneous use and mention"[34]

Der Erfolg der verschwiegenen und verschweigenden Erzählhaltung ist offensichtlich, denn das Ansehen von Apollonius bleibt in all der erzählten Zeit unbefleckt von jeglichem Zweifel (S. 210). Selbst die literaturwissenschaftliche Forschung stimmt darin überein, es zwar möglicherweise mit einem psychisch Kranken[35] zu tun zu haben, weitere denkbare Zweifel an Apollonius' Integrität aber nicht zur Diskussion zu stellen.

Bezeichnenderweise überkommt Apollonius nach dem Tod seines Bruders der Schwindel. Vordergründig betrachtet handelt es sich nur um ein medizinisches Symptom, sobald er St. Georg besteigt. Betrachtet man die Krankheit jedoch als Manifestation psychischer Vorgänge, als die sie im Text gekennzeichnet wird, lässt sie sich – einem Traum

---

[34] Vgl. Theresa Heyd (wie Anm. 10), S. 222.

[35] Vgl.: "In der Erzählung »Zwischen Himmel und Erde« (1856) [...] wird der Pionier des Kapitalismus zur fast psychopathischen Figur;" Claudia Pilling: Otto Ludwig. In: C. Pilling, J. Dirksen (Hrsg.): Otto Ludwig. Das literarische und musikalische Werk mit einer vollständigen Otto-Ludwig-Bibliographie, Frankfurt am Main , New York 1999, S. 9–15, hier S. 14; und "Was Ludwig an Apollonius schildert, ist das klassische Erscheinungsbild einer Psychoneurose mit gespaltener Persönlichkeit und lahmgelegtem Willen. Am Anfang steht das Trauma [...]." Weigand (wie Anm. 2), S. 130.

vergleichbar – auch als Rebus auf sprachlicher Ebene entschlüsseln[36]. Der Schwindel ist mithin der körperliche Ausdruck des heimlichen Betrugs, den Apollonius an seinem gesamten Umfeld übt – keine direkte Lüge, aber auch nicht die Wahrheit. Gleichzeitig ist Schwindel auch der „Oberbegriff für subjektive Störungen der Orientierung des Körpers im Raum"[37] aufgrund fehlender Übereinstimmung zwischen verschiedenen Sinneswahrnehmungen, die das Gleichgewichtsgefühl maßgeblich beeinflussen[38]. Im übertragenen Sinn ist dies exakt die Situation von Apollonius, der von seinem Moralempfinden und seinen erotischen Wünschen einander widersprechende Signale erhält und daraufhin ein Gefühl des Orientierungsverlusts erleidet. Erst als er sich entscheidet, welchen Informationen er Glauben schenken will und den anderen Signalen, seinem Begehren nach Christiane, eine Absage erteilt, gewinnt er wieder an Stabilität. Dieses Gleichgewichtsproblem tritt nur am so wahrgenommenen ‚Tatort'[39] auf, also dort, wo sowohl die Unwahrheiten, als auch die Möglichkeit einer Heirat mit Christiane ihren Ursprung haben (S. 184). Da der Schwindel mit der Entscheidungsfindung endet, kann die Krankheit im Vergleich mit der Halbwahrheit als die wesentlichere Ursache gewertet werden.

> „In Gemütsbewegungen lag ihr [der Krankheit von Apollonius] Keim, aber nicht in denen, die der Bau-
> herr wußte. Nicht in dem Schrecken über des Bruders Unglück, sondern in dem Zustande, worin der
> Schreck ihn traf. [...] In dem Augenblick, wo der Bruder neben ihm vorbei in den Tod stürzte, hatten die
> Glocken unter ihnen zwei geschlagen. Von da an erschreckte ihn jeder Glockenton. Was ihm schwerer
> Besorgnis erregte, war ein Anfall von Schwindel." (S. 182).

Die schwerwiegendste Form der Unzuverlässigkeit ist diejenige der bewussten Täuschung. Fritz überbietet die sprachlich subtileren Methoden des Beschönigens oder Auslassens unangenehmer Tatsachen, indem er in seinen Darstellungen die Realität unmittelbar in ihr komplettes Gegenteil verkehrt: Statt Christiane wie versprochen von der Zuneigung seines Bruders zu berichten, macht er sie glauben, Apollonius verspotte sie. Das von ihm errichtete Lügengebäude ermöglicht Fritz schließlich, Christiane zu heiraten, wenngleich er sich durchaus bewusst ist, wie leicht eine Aufdeckung dieser Lügen seine Ehe gefährden kann. Um

---

[36] "What we must do is translate the objects back into words, replace things by words designating them. In a rebus, things literally stand for their names, for their signifiers. [...] The signified of this signifying chain, obtained by means of a retranslation of "things" into "words," is the "dream thought." [...] If we look for the "deeper, hidden meaning" of the figures appearing in a dream, we blind ourselves to the latent "dream-thought" articulated in it." Slavoj Žižek: Looking awry. An introduction to Jacques Lacan through popular culture, Cambridge, Mass 1991, S. 51.
[37] Willibald Pschyrembel: Pschyrembel® Klinisches Wörterbuch. 261. Ausgabe, Berlin 2007, S. 1747; Schwindel.
[38] Vgl. Roche-Lexikon Medizin, 4. Ausgabe, München , Stuttgart , Jena , Lübeck , Ulm 1998.
[39] Vgl. Žižek (wie Anm. 36), S. 52–53.

dies zu verhindern, täuscht er seinen Bruder zunächst mündlich, bis er ihn überzeugt, die Stadt zu verlassen und ihn in seinem Irrglauben schließlich durch Briefe bestärkt:

> „Nun begriff Apollonius unter Schmerzen, daß er sich geirrt, als er gemeint, jene stummen Zeichen gälten ihm. Er wunderte sich, daß er seinen Irrtum nicht damals schon eingesehen. War nicht sein Bruder ihr so nah als er, da sie die Blume hinlegte, die der Unrechte fand?" (S. 20).

Die Täuschung zeigt Wirkung und offenbart, wie effektiv grundsätzlich widersprüchliche Fakten einen Bedeutungswechsel sogar stützen können, sofern sie stimmig in ein übergeordnetes Gesamtkonzept eingeordnet werden. In beiden Fällen dient Apollonius dieselbe Blume als Beleg seiner Grundannahme, nur dass er beim einem Mal die Zuneigung, das andere Mal das Desinteresse, sprich die Abneigung Christianes ihm gegenüber daraus abliest. Der Text selbst warnt somit insgeheim vor einer Vieldeutigkeit der Ereignisse in Abhängigkeit von der jeweils dominierenden Lesart.

2.3 Parteilichkeit der inneren Erzählinstanz

So transparent die Erzählverfahren auf der Figurenebene dargestellt werden, so verdeckt wird auf der Ebene der Erzählinstanz die Meinungsbildung durch ein raffiniertes Verfahren gesteuert. Es vermittelt dem Leser, im Besitz der einzig richtigen Interpretation des Konflikts der Brüder untereinander zu sein. Mithilfe vielfältiger Mittel – wertender Äußerungen, suggestiver Zusammenstellungen und Auslassungen – wird die Beurteilung der geschilderten Charaktere und Ereignisse beeinflusst. Gut und Böse, Opfer und Täter wären demzufolge klar unterscheidbar, die fiktionalen Fakten sprächen für sich[40]. Um die dahinter stehende rhetorische Strategie zu durchschauen, muss lediglich auf die Metaebene übertragen werden, was auf Ebene der histoire ganz offen als vorbildliches Instrument der Überzeugungsarbeit geschildert wird. Diese Art der Beweisführung findet bei der Beurteilung des Bauvorhabens am Kirchturm von St. Georg ihre konkrete Erwähnung: „Apollonius begann nun mit den Ergebnissen seiner vorhin angestellten Untersuchung. [...] Er zog nicht selbst den Schluß, sondern wußte mit der Kunst, die er von dem Vetter gelernt, die Gegner zu zwingen, das für ihn zu tun." (S. 42). Die ‚Kunst' liegt darin, die Gegebenheiten so zu präsentieren, dass der Zuhörer keine andere Wahl hat, als eigenständig die gewünschte Meinung zu entwickeln. Während dies im Geschäftsleben eine legitime Strategie ist, die sich offensichtlich auszahlt, wie der wirtschaft-

---

[40] Vgl.: "Die Welt in sich ist in gut und böse, rein und unrein, gesund und krank, stark und schwach aufgeteilt. Alle Kategorien seiner Studien sind Abbreviaturen eines Systems von Regeln [...]. Der Begriff des Gesetzes ist für ihn derart sakrosankt, daß er ihn stets nur mit rhetorischem Glanz versehen ausspricht." Korte (wie Anm. 5), S. 15.

liche Erfolg von Apollonius deutlich belegt, wirkt sie auf moralischer Ebene bedenklich. Der Text entwirft Fritz über weite Strecken als paranoiden Übeltäter und potentiellen Brudermörder, der seinem wohlverdienten Schicksal nicht entgeht. Diese einseitige Wertung gilt es zu hinterfragen.

Vordergründig hebt sich Apollonius' Charakter zunächst positiv von dem seines Bruders ab. Bei genauerem Hinsehen ergibt sich jedoch ein komplexeres Bild, in dem die Binnenerzählung durchaus mit leichten ironischen Markierungen versehen ist, die eine stilistische Begleiterscheinung unzuverlässigen Erzählens darstellen können[41]. Unverholen ist die klare Positionierung der Erzählinstanz insbesondere zu Beginn der Binnenerzählung in der doppelten Rückblende, welche die Vorgänge zwischen Fritz, Apollonius und Christiane schildert und den Leser dabei subtil, wenngleich auch dezent ironisch auf die Seite ‚unseres Helden' Apollonius zieht. In der Tat wird er im Verlauf der ersten fünfzig Seiten dreizehn mal als ‚Held' betitelt und bekommt teils im gleichen Atemzug, teils unabhängig davon zwölfmal das Attribut ‚unser' zugesprochen (S. 8-49). Somit weiß der Leser von Anfang an, auf wessen Seite seine Sympathien zu liegen haben, wenn er ihn auch angesichts seiner Naivität milde belächeln kann und einen dezent ironischen Blick auf ihn gewinnt. Der vielleicht deutlichste Beleg für die Bevorzugung entsteht in der direkten Gegenüberstellung mit dem Bruder. „Unser Held war des Bruders Art gewohnt" (S. 12), denn anders als der besonnene, zurückhaltende Apollonius scheint Fritz eher ein stürmisches, unachtsames Temperament zu haben und versucht seinen Kummer schon bei der ersten Schilderung mit Alkohol zu bewältigen – ein Motiv, das sich durchzieht und letzten Endes seinen tödlichen Sturz vom Kirchendach auch für die Stadtbevölkerung plausibel machen wird. „Unser[] junge[r] Wanderer" Apollonius hingegen macht einen „ernsten und doch so freundlichen" (S. 9) Eindruck und zeigt tiefe Gefühle nicht nur angesichts seiner Heimatstadt, sondern auch in Bezug auf Christiane, und verhält sich verständnisvoll und nachsichtig dem Bruder gegenüber (S. 12). Was seine eigene Person anbelangt ist er eher zurückhaltend (S. 13ff), während er sich gleichzeitig als gelehrig, zuverlässig und tatkräftig erweist (S. 19f). Diese Entwicklung zeigt sich schon in den Kölner Lehrjahren, setzt sich dann aber auch noch konkreter bei der Beurteilung des Kirchendachs, in der wiederum Apollonius' kühler Sachverstand Fritz' unbedachter Leichtfertigkeit entgegengesetzt wird, fort (S. 41ff). In diesem Zusammenhang wird auch mehrfach auf Apollonius' Zurückhaltung verwiesen. Allein in dem kurzen Abschnitt wird Apollonius' Auftreten und

---

[41] Theresa Heyd (wie Anm. 10), S. 236.

Handeln dreimal als ‚bescheiden' bezeichnet, wiederum im Kontrast zu seinem Bruder, der sich auch hier vor allem um die Meinung und die Zustimmung der nur scheinbar „bedeuten-de[n] Männer" (S. 42) bemüht. Neben seiner beruflichen Kompetenz wächst auch Apollonius' Ansehen bei den Frauen, wenngleich er davon keinen Gebrauch macht (S. 30)[42]. Es bleibt kein Zweifel, dass die allgemein gehaltene, aber heroisierende Beschreibung eines Schiefer-deckers als „kühne[n] Mann" (S. 49) Apollonius im Blick hat und nicht seinen Bruder Fritz, der doch den gleichen Beruf ausübt. Das Wertesystem des Textes ist fest im kleinbürgerlichen Milieu verankert, wie der Beurteilung der beiden Brüder unzweifelhaft zu entnehmen ist.

Hierin spielt auch die Namensverteilung, die mit den ungleichen Brüdern von vornhe-rein entgegengesetzte Assoziationen verknüpft. Während der Name Fritz eher als bodenstän-dig und deutsch zu gelten hat, klingt der Name Apollonius eher ausgefallen und erinnert unwillkürlich an das Begriffspaar apollinisch – dionysisch, das schon in der Antike von Bedeutung war und welches

> „die Eigenschaften der griech. Götter Apollon und Dionysos einander gegenüberstellt. Apollon ist der Gott der klaren Geistigkeit und der Form und Ordnung. Er vertritt das aufklärerische Prinzip der Kon-trollierbarkeit der Welt und der Welterkenntnis durch rationales Bewusstsein. Dagegen steht Dionysos, der Gott des Weines, für das sinnliche, irrationale Erleben der Welt."[43]

So wie das Apollinische und das Dionysische verkörpern auch Apollonius und Fritz zwei entgegengesetzte Pole, zwei widerstreitende Ordnungen, nur das Fritz bereits sein Name, der bestenfalls an den ‚alten Fritz' erinnert, den Status des Göttlichen abspricht. Seine Fortset-zung findet dies in der Darstellung, die eindringlich die Vulgarität und den unkontrollierten Alkoholkonsum sowie schlussendlich den Niedergang von Fritz beschreibt. Unausgesprochen kommt somit die Höherschätzung des apollinischen Prinzips zum Ausdruck, welche der Text einerseits stützt, andererseits aber auch subtil unterläuft[44].

Das Zusammenspiel der erläuterten Erzählverfahren auf Figurenebene und seitens der inneren Erzählinstanz lässt sich exemplarisch gut an der Manipulation der Seile und dem flüchtig, wie nebensächlich abgehandelten Tod des Gesellen untersuchen. Der endgültige Beleg für die Schlechtigkeit Fritz scheint sich nach langer argumentativer Vorbereitung in dem Mordanschlag auf Apollonius zu finden, der aufgrund der erdrückenden Indizienlage Fritz zugerechnet wird, obgleich die eigentliche Tat im Text ausgespart wird.

---

[42] Diese bedeutungsvoll erwähnte Information bildet ein weiteres Puzzleteil hinsichtlich des homosozialen Begehrens Apollonius'. Vgl. Kapitel 3.2.2.

[43] Franz P. Burkard, Peter Prechtl: Metzler Lexikon Philosophie. Begriffe und Definitionen. 3. Ausgabe, Stuttgart 2008, S. 36; Apollinisch/Dionysisch.

[44] Vgl. Kapitel 2.5. Poetischer Realismus.

Eines der wichtigsten Indizien für die Täterschaft von Fritz ist sein Hass auf den Bruder, der ihm ein eindeutiges Motiv gibt und das Christiane bekannt ist: „Er setzte sich an ihr Bett und rüttelte sie auf und erzählte ihr leise in das Ohr, was er an ihrem Liebsten tun will. Es waren grausige Dinge." (S. 121). In Verbindung damit steht auch, dass Fritz mit dem Gedanken spielt, eigenhändig Hand an die Seile zu legen, um dem „Schicksal" (S. 124) nachzuhelfen. Diese Szene trägt wesentlich zu seiner Belastung bei. Sein Schrecken, als er tatsächlich begreift, worüber er soeben nachgedacht hat und sein fester Entschluss, davon Abstand zu nehmen, tragen demgegenüber nicht zu seiner Entlastung bei, da die Erzählinstanz zugleich in dunkler Vorahnung nahelegt, „[o]b die Stunde nicht kommen wird, wo er bereut, daß er sich nicht so weit bringen lassen, und sich doch noch so weit bringen läßt?" (S. 125). Der Verdacht ist gesät und lässt sich nicht mehr zurücknehmen. Ebenso scheint die Aussage des Nachbarn ins Bild zu passen, der „zu seinem Küchenfenster heraus einen in unsern Schuppen schleichen sehn [hat], den Gang vom Hause hinter" (S. 128). Durch einen ‚Stille-Post-Effekt' gerät in Christianes Nacherzählung das unbestimmte Täterprofil zu einer eindeutigen Zeugenaussage über die sichere Identifizierung ihres Ehemanns: „Der Valentin hat mir's gesagt, der Nachbar hat ihn [Fritz] in den Schuppen schleichen sehen." (S. 156). Auch sein plötzlich verändertes Verhalten bevor Gerüchte über einen Unfall die Runde machen, belastet den älteren Bruder.

Fritz begibt sich voller „Arbeitswut" (128) auf das Kirchturmdach, er flüchtet „vor seinen Gedanken in einen wütenden Fleiß", trägt auch dort jedoch „die ganze Hölle in seiner Brust", denn „Gewissensangst" peinigt ihn ebenso wie der Gedanke daran, Apollonius könnte tatsächlich etwas zustoßen (S. 139ff). Solche Gedanken sind nur erklärlich, wenn Fritz die Seile selbst beschädigt hat, oder zumindest davon in Kenntnis gesetzt wurde. Die Reue macht ihn besorgter, die Angst vor Entdeckung trotziger.

Nur ein einziges, entscheidendes Moment gibt Anlass zu Zweifeln an der Schuld von Fritz: Als ihm sein Vater auf dem Kirchendach gegenübersteht und ihm seinen väterlichen Urteilsspruch verkündet, der ihn dazu zwingen soll, Selbstmord zu begehen, sieht er sein Leben nochmal im Schnelldurchlauf an sich vorbeiziehen. Es ist folkloristisches Allgemeingut, dass in den Momenten unmittelbar vor dem Tod noch einmal alle wichtigen Ereignisse ungefiltert rekapituliert würden und Lügen in einer solchen Situation keinen Bestand mehr hätten. Fritz wägt angesichts seines Sündenregisters ab, ob es ratsamer sei, der weltlichen oder der göttlichen Rechtsprechung in die Hände zu fallen. Er entscheidet sich für ersteres, denn „noch Schecklicheres erwartete ihn über dem Tode drüben" (S. 145). Dies erscheint unmittelbar einleuchtend, wenn man davon ausgeht, dass Fritz seinen Bruder auf dem Gewissen hat, nur fehlt dieser Punkt in seiner inneren Rückschau völlig:

> „Er stand an den Straßenecken und zählte, und die Bretter wollten unter Apollonius nicht brechen, die Stricke über ihm nicht reißen; er stand wieder vor der Frau und [...] holte aus zu dem unseligen Schlage! Selbst daß er vor dem Vater dalag und hin- und hersann in gräßlich-angstvoller Hast, kam ihm vorüberfliehend wie in einem Fiebertraum." (S. 145).

Dadurch erweist sich der Text aufgrund eines bald darauf folgenden impliziten Schuldeingeständnisses: „Daß seine Tat noch nicht öffentlich bekannt war, gab ihm Hoffnung", gefolgt von einem rhetorisch geschickten Dementi: „Ich will mich ja hinunterstürzen, weil du mich tot haben willst, ich will sterben, wenngleich unschuldig.", als ambig (S. 144f). Denn anders als die Gewalt gegen seine Frau plagt ihn in seiner Rückschau keine Erinnerung an durchschnittene Seile, obwohl er seine Situation in Gedanken noch im Augenblick zuvor mit der des Brudermörders Kain verglichen hatte (S. 139ff). Dieses Rätsel muss ungelöst bleiben, der Text bewahrt in dieser Hinsicht Stillschweigen. Die Kommentare der Erzählinstanz belasten Fritz ohne Zweifel, ebenso wie die Abfolge der Ereignisse und sein eigener Charakter. In Christianes Bericht (S. 156) und dem Urteil des Binnenerzählers steht der Schuldige fest:

> „Fritz Nettenmair kann dem Gesellen sagen, wie sorgsam er den Gedankenkeim, den jener gegeben, bis zum Zerschneiden des Seiles ausgebrütet hat, und der Gesell dem ehemaligen Herrn, daß er unter dem Seilschnitt verunglückte, den dieser machte." (S. 175f).

Doch gerade weil es sich bei der erwähnten Auslassung nur um ein scheinbar bedeutungsloses Detail handelt, muss es bei der Wahrheitsfindung mit berücksichtigt werden, erweist sich doch der oberflächliche Eindruck eines Tatortes häufig als gezielt gelegte falsche Fährte, die es zu durchschauen gilt:

> "the only proper procedure is to put in parentheses the field of meaning imposed upon us by the deceitful first impression and to devote all our attention to the details abstracted from their inclusion in the imposed field of meaning. [...] we must continually bear in mind that the fields of meaning imposing the "loony" frame of interpretation on us "exist only in order to conceal the reason of their existence"[...]."[45]

Es gelingt dem Text, eine glaubhafte Lösung des Mordfalls zu präsentieren, ohne dass der Täter eindeutig überführt worden wäre, schlicht indem die zusammengetragene Last der Indizien erdrückend erscheint. Die Leerstelle bleibt jedoch bestehen, dass Fritz weder bei der Tat gezeigt wurde, noch sich zu ihr bekannt, nicht einmal in Gedanken. Angesichts der Tatsache, dass die innere Erzählinstanz nicht durchgehend zuverlässig ist und das zumindest

---

[45] Žižek (wie Anm. 36), S. 55.

auf der Ebene der histoire auch reflektiert, ist nicht nur bezüglich der vermeintlich erwiesenen Täterschaft von Fritz Skepsis angebracht.

An zwei wesentlichen Stellen entsteht ein Bruch im Erzählstil, der den betreffenden Passagen, der Brandnacht am Ende der Binnenhandlung und den abschließenden moralischen Abschlussworten am Ende der Rahmenhandlung, einen aufgesetzten, unzugehörigen Charakter verleiht. In beiden Fällen entsteht beim Leser der Eindruck des Überzogenen, teils durch Heroisierung, teils durch Idealisierung Übertriebenen, das sich von der vorangegangenen Erzählung künstlich abhebt.

Die Brandnacht wird als einzige Situation aus zwei Perspektiven in direkter Abfolge erzählt, was ihr besondere Glaubwürdigkeit und Eindrücklichkeit verleihen soll. Sie bildet den krönenden Schlusspunkt der Binnengeschichte, indem sie Apollonius endgültig nicht nur zu ‚unserem Helden‘, sondern auch noch zum Helden der Stadt, von dessen Selbstlosigkeit und Großherzigkeit noch eine Generation später die Rede sein wird, stilisiert. Alle zuvor möglicherweise beim Leser entstandenen Zweifel an Apollonius werden von der Wucht der Bilder überlagert und die Schuldlosigkeit des ‚Helden‘ in einem dramatischen Showdown demonstriert. Selbst sein persönliches Versagen, das sich in der ungedeckten Stelle im Dach manifestiert, erweist sich in der Krise als Vorzug, verhindert es doch die schnelle Ausbreitung des Feuers. Ähnlich gestaltet sich das Ende des Rahmens und somit der Erzählung insgesamt. Der moralisierende Schluss, der eine positive Bilanz unter die geschilderten Ereignisse setzt und daraus Handlungsanweisungen ableitet, möchte nicht so recht zur vorangegangenen Handlung passen. An beiden Stellen kollidiert das Erzählverfahren mit der erzählten Welt und offenbart durch den textinternen Bruch die Rechtfertigungsstruktur der Erzählung. Denn zugleich mit der Überhöhung liegt in dem Strukturbruch auch das Potential der ironischen Distanzierung von Apollonius verborgen, die jedoch nur unterschwellig vermittelt wird.

Zusammenfassend zeigt sich, dass die verschiedenen Erzählstrategien im Text eine doppelte Struktur von ‚use‘ und ‚mention‘ bilden: Einerseits werden sie innerhalb der Binnenerzählung offen thematisiert und durch das Erleben der Figuren gerechtfertigt, andererseits liefern sie einen Hinweis darauf, dass auf der übergeordneten Ebene, die von der Rahmenerzählung aus strukturiert wird, möglicherweise ebenfalls stillschweigend eine unzuverlässige Erzählinstanz am Werk ist, die den Erinnerungen und Rekonstruktionen des gealterten Apollonius ihren Sinnzusammenhang verleiht und vorhandene Brüche und Zufälle überdeckt. Das glättende Verfahren der Erinnerung stellt die Ereignisse so zusammen, dass die Unterscheidungslinie zwischen schuldig und unschuldig, Gut und Böse trotz aller Zweifel an der Figur des jungen Apollonius vom Leser klar gezogen werden kann und muss. Kein Wunder, dass in zahlreichen Interpretationen das Missverständnis aufkam, Apollonius werde als nachahmenswertes Tugendideal dargestellt und nicht als der ‚Hypochonder‘, als den Ludwig ihn bezeichnete[46]. Die Distanzierung erfolgt nur unterschwellig durch Brüche in der Erzählung, wie sie anlässlich der Brandnacht und der moralisierenden Schlussworte auftreten.

Angesichts dieses Erzählverfahrens offenbart sich der wahre Gehalt des Textes nur dem ‚schiefen Blick‘, wie Žižek ihn anhand seiner Interpretation einer Textstelle aus Shakespeares Richard III[47] entwickelt: „[W]e are obliged to state that precisely by "looking awry," i.e. at an angle, [one] sees the thing in its clear and distinct form“, die von dem weiteren Verlauf bestätigt wird. Der eigentliche Gegenstand des Textes ist nur mit interessiertem, voreingenommenen Blick erkennbar[48], der bestimmte Elemente im Text aufspürt, welche der Oberflächennarration zuwiderlaufen und die vorherrschende Deutung in Frage stellen.

2.4 Mediale Störfaktoren

Die moralischen Gegebenheiten der Erzählung scheinen trotz der sich teilweise überschlagenden Ereignisse auf den ersten Blick so klar geordnet wie der Garten des gealterten Apollonius, doch in dieser Ordnung tauchen immer wieder störende Elemente auf, die den bevorzugten Deutungshorizont unterlaufen und das Abgründige der bürgerlichen Existenz durchscheinen lassen. Raffinierte Hinweise topographischer, sprachlicher und motivischer Art erlauben es, „gedeckt“ von der offiziellen Lesart „eine alternative und sexuell gewagtere Erzählung zu konstruieren“, die anders als die Oberflächennarration eben nicht den „striktesten moralischen Codes“ gehorcht[49] und sich in den übergeordneten Sinnkontext nicht integrieren lässt. Diese zweite Erzählebene stützt die Oberflächennarration, obwohl sie ihr auf den ersten Blick entgegen gesetzt wirkt: „Das Gesetz selbst braucht sein obszönes Supplement, es wird

---

[46] „Apollonius handelt als Hypochonder, was er einmal von Natur ist und wozu ihn die Situationen, in die er gerät, immer mehr machen müssen, [...]. Wenn er, um den gerechten Anforderungen des Weibes zu genügen, ihr [und] sein Glück den Buchstaben der Pflicht opferte, dann wär' er ein Tugendheld." Originalzitat Ludwigs in: Otto Ludwig, Sämtliche Werke III,, Hg.: Paul Merker, München und Leipzig, 1912-1922, S. xvii.

[47] "Like perspectives, which rightly gaz'd upon
Show nothing but confusion; ey'd awry
Distinguish form: so your sweet majesty,
Looking awry upon your lord's departure,
Finds shapes of grief more than himself to wail;
Which, look'd on as it is, is nought but shadows
Of what is not. [...]"
[zitiert nach Žižek (wie Anm. 36), S. 10; aus Shakespeare: Richard III];

[48] Ebenda., S. 10; 11; 12.

[49] Žižek (wie Anm. 8), S. 112.

dadurch aufrechterhalten."[50] Indem die Ordnung des bürgerlichen Anstands im gesellschaftlich nicht legitimierten Begehren ihren Widerpart findet, erhält sie ihre Berechtigung; weil das Begehren durch die bürgerliche Sitte eingeschränkt wird, erfindet es Mittel und Wege, sich im Verborgenen umso machtvoller Ausdruck zu verschaffen. In der Erzählung stoßen folglich zwei symbolische Ordnungen aufeinander, die sich gegenseitig durchkreuzen und zugleich bedingen: diejenige der bürgerlichen Moral und die des stellvertretenden Begehrens.

Die moralische Zweiteilung des Textes zwischen Fassade und Verborgenem ist ein grundlegendes Merkmal, das sich diskursiv bis in die beschriebene Architektur abzeichnet[51]. Die rückwärtige Seite des Hauses weist gegenüber der Fassade deutliche bauliche Mängel auf, was die Erzählstimme dazu bewegt, festzuhalten, dass „alles seine schwache Seite habe"(S. 3) – das Wohnhaus, aber auch die Protagonisten der Erzählung. Wie schwer die oberflächliche Erscheinung zu durchschauen sein kann, bringt der Text wiederholt mittels der undurchdringlichen Fassade des Nettenmairschen Hauses „mit den grünen Laden", das so „friedlich in seinem Schimmer" daliegt, zur Sprache: „Kein Vorübergehender hätte ihm die Unruhe angesehen, die es hinter seinen Wänden barg, keiner den Gedanken geahnt, den drin die Hölle fertig braute in einem verlorenen Gefäß." (S. 166). Diese Reflexion findet nicht nur auf dem Höhepunkt der innerfamiliären Krise statt, sondern bereits in der Rahmung, welche den Rezipienten auf das Kommende vorbereiten und gleichzeitig Spannung erzeugen soll. „[W]ilde Wünsche" und „drohender Mord" werden angekündigt, die dazu geführt hätten, dass in der Vergangenheit „Verzweiflung über selbstgeschaffenes Elend händeringend in stiller Nacht an der Hintertür die Treppe herauf und über die Emporlaube und wieder hinunter den Gang zwischen Gärtchen und Stallraum bis zu Schuppen und ruhelos wieder vor und wieder hinter schlich." (S. 7f). Doch auch als die Rahmenerzählung den gealterten Apollonius abschließend in ein verklärendes, friedfertiges Bild rückt, ist die Gewalt des Begehrens keinesfalls besiegt. Sie ist lediglich um den Preis einer starren Ordnung befriedet, die sich in seinem akkurat in Form gehaltenen Garten, dem sicheren Abstand zu Christiane und dem bis ins penibelste Detail geregelten Tagesablauf widerspiegelt. Die Struktur hat sich nur wie ein Sicherheitsnetz über das unheimliche Moment des Verdrängten gelegt, das sich aller Genauigkeit zum Trotz noch in kleinen Details bemerkbar macht, welche die Ordnung insgeheim unterwandern:

---

[50] Ebenda., S. 113.
[51] Vgl.: Osterkamp (wie Anm. 28), S. 160.

„Die Rosen an den hochstämmigen Bäumchen duften, ein Grasmückchen sitzt auf dem Busche unter dem alten Birnbaum und singt; *ein heimliches Regen* zieht durch das ganze Gärtchen, und selbst der starkstielige Buchsbaum um die gezirkelten Beete bewegt *seine dunklen Blätter* [Hervorhebungen IMK]." (S. 210f).

Der Garten übernimmt die Funktion einer Heterotopie, die zwar einen von der Außenwelt klar abgegrenzten, geschützten Bereich beschreibt, aber dennoch Aussagen über die sie umgebende Welt trifft und als symptomatisch für Apollonius' Lebensweise begriffen werden muss. Er repräsentiert die gezwungenen Anstrengungen, mit denen Apollonius bestrebt ist, den bürgerlichen Schein aufrecht zu erhalten, während diese Fassade dessen ungeachtet von der Ordnung des Begehrens infrage gestellt wird.

Neben die natürlichen, konkreten Erscheinungen der Architektur und des Gartens, in denen sich der Konflikt der symbolischen Ordnungen offenbart, tritt in der Figur vom ,Geist des Hauses' eine übernatürliche Erscheinung, die auf die familiären Missstände hinweist, die anderweitig nicht zum Ausdruck kommen können[52]. Es handelt sich hierbei um eine außenstehende und doch allwissende Figur, die an zentralen Stellen der Erzählung auftaucht, das Geschehen beobachtet ohne einzugreifen und somit nur für den Leser präsent ist; ihr Auftauchen macht sich innerhalb der fiktionalen Welt allein durch eine unerklärliche Angst bemerkbar, die sie in allen Protagonisten auszulösen scheint und die wie eine böse Vorahnung wirkt (S. 47). Gleichzeitig ist der Geist des Hauses emotional an dem Geschehen beteiligt, er ringt die bleichen Hände oder hebt „die bleichen Arme wie flehend gegen den Himmel empor" (S. 180). Die Gestik ist durchaus von Bedeutung, denn „händeringend" (S. 180) wie der Geist des Hauses, schleicht schon auf den ersten Seiten die Verzweiflung über das Anwesen – gerade so und nahezu mit den gleichen Worten dargestellt, wie in der Folge der Geist des Hauses beschrieben wird. Ist der Geist des Hauses also eine Manifestation des „selbstgeschaffene[n] Elend[s]" (S. 7f), das sich in den zwischenmenschlichen Beziehungen ausbreitet, gleichsam die Verkörperung eines intersubjektiven Charakterzugs der Angst, des kollektiven Unbewussten, das erahnt, wohin die Entwicklung die Protagonisten noch führen wird? Vieles spricht dafür, denn nach dem Verschwinden des Geists des Hauses übernimmt der „Geist des Oheims, der Geist der Ordnung, der Gewissenhaftigkeit bis zum Eigensinn" (S. 6) das Regiment und trägt zum materiellen Wohlstand der Familie und insbesondere zum Ansehen der Neffen bei. Naheliegend ist also, dass der Geist des Hauses als manifeste Erscheinung eine innerfamiliäre Grundstimmung darstellt, die anfangs von Angst und Verzweiflung

---

[52] Zum Geist des Hauses als romantisches Element in einer Erzählung des poetischen Realismus vgl. McClain (wie Anm. 4), S. 61.

geprägt ist und schließlich durch eine zwanghafte Ordnung zurückgedrängt wird, die jede zwischenmenschliche Nähe unterbindet.

Es sind also Gefühle und Beziehungen, die es zu vermeiden gilt, eine Tatsache die der Text ebenfalls im Wesentlichen medial vermittelt. In der Wahrnehmung von Apollonius stellen sie schon zu Beginn etwas Unangenehmes, geradezu Bedrohliches dar; insbesondere sprachliche Verschränkungen rücken zwischenmenschliche Bindungen in einen Verweiskontext mit Schmutz. Dies zeigt sich am markantesten anhand der Wortwahl, die eine Parallelführung zwischen Spinnen- und Herzensfäden bewirkt. Als ‚Herzensfäden' bezeichnet die Erzählinstanz eine emotionale Bindung an Dinge oder Personen. Apollonius heißt diese Gefühlsregung im Zusammenhang mit Arbeitsangelegenheiten und unbelebten Gegenständen als etwas Positives willkommen:

> „Und wie es seine Natur war, sich mit festen *Herzensfäden* an die Gegenstände *anzuspinnen*, mit denen er in Arbeitsberührung kommen sollte, so sah er in dem Auftauchen der Turmspitze einen Gruß und griff unwillkürlich in die Luft nach dem Grüßenden hin, als gält' es, eine freundlich dargebotene Hand zu drücken [Hervorhebungen IMK]." (S. 10)

Es handelt sich hier um einen bejahenden, aktiven Vorgang des ‚Anspinnens'. Anders sieht es hinsichtlich der Beziehungen der Stadtbevölkerung aus. Hier „spinnen" sich die „Herzensfäden" selbst „die Straßen entlang über Hügel und Tal, dunkle und helle, je nachdem Hoffnung oder Entsagung an der Spule saß, ein traumhaftes Gewebe" (S. 27). Das Bild ist nun schon leicht eingetrübt, es gibt positive und negative Verbindungen, abhängig von der Art der Beziehung, die nicht selbständig gestaltet wird, sondern durch die Macht des Gefühls, das den jeweiligen Faden erzeugt. „Manche reißen, helle dunkeln, dunkle werden hell; manche bleiben ausgespannt, solang die Herzen leben, aus denen sie gesponnen sind; manche ziehen mit unentrinnbarer Gewalt zurück." (S. 27f). Die Gefühlsverbindungen erscheinen als etwas Unbeeinflussbares, Wechselhaftes, das sich dem Willen des Einzelnen entzieht. Damit gewinnen sie auch erstmals eine unheimliche Qualität angesichts ihrer ‚unentrinnbaren Gewalt'.

Bedeutsam ist der Akt des Spinnens, der die Herzensfäden stilistisch in Beziehung zu den Spinnenfäden setzt, welchen Apollonius so geflissentlich ausweicht oder die er wegbürstet. Mit dem Motiv des gesponnenen Fadens werden zwei Bereiche zusammengeführt, die sonst eher unverbunden nebeneinander gestanden hätten: Apollonius übergenaue Ordnungsliebe und seine Vermeidung enger persönlicher Bindungen oder von Emotionen. Dies wird wiederum durch einen Traum deutlich, in dem er sich mit seinen Gefühlen konfrontiert sieht und sich in seiner Angst so sehr darin verstrickt, wie in dem Spinnennetz, in dem er sich am Ende ganz bildlich gefangen sieht, ohne dass er dem entkommen könnte:

> „Die Schwägerin kam aus dem Hause, das liebliche offene Gesicht voll Zutraulichkeit und Aufrichtig-keit von sonst; die Blume, die sie vor Apollonius hinlegen wollte, fiel aus ihrer Hand, als sie den Bruder erblickte, und der ihm neue fremde Zug von Leerheit, gedankenloser eitler Vergnügungssucht, *von grol-lender Bitterkeit gegen Apollonius legte sich über sie wie ein schmutziges Spinnengewebe.* […] Dann fand er sich wieder auf dem Fahrstuhl hoch am Turmdach. Da war alles anders, als es sein sollte, die Schiefer in verkehrter Richtung gedeckt, und nun stak er in die Ausfahrtür eingeklemmt, *ringsum in staubige Spinnengewebe eingewickelt; er hatte seine Festtagskleider an; sie waren voll Schmutz; er wischte und bürstete, daß er schwitzte, und sie wurden nicht rein* [Hervorhebungen IMK] ." (S. 40).

Der zunächst ‚helle Herzensfaden‘ zwischen Christiane und Apollonius ist hier eindeutig ‚gedunkelt‘ und zu einem ‚schmutzigen Spinnengewebe‘ geworden. Der Traum als Ganzes verarbeitet die veränderten Verhältnisse seit seiner Rückkehr aus Köln, die Gebrechlichkeit des Vaters, die Gleichgültigkeit des Bruders, die Zurückweisung seitens Christianes. All diese Beziehungen bilden ein dünnes Netz aus nahezu unsichtbaren Fäden, die sich durch Apolloni-us Bewusstsein ziehen, ohne sich direkt greifen zu lassen. Apollonius kann nicht direkt benennen, was sich an innerfamiliärer Dynamik abspielt, und gerade diese symbolische Blockierung verhindert, dass Apollonius sich daraus befreien könnte. Der Schmutz des „Schicksal[s], [das] sie vereint sich spinnen, die Leute in dem Haus mit den grünen Laden" (S. 59) lässt sich nicht entfernen, nur mithilfe der äußeren Ordnung unterdrücken.

Trotz der vordergründig allgemein positiven Konnotation des Heimatbegriffs[53] erweist sich, dass es gerade die Heimat ist, die ihn dem unangenehmen Verdrängten aussetzt. Der erste sinnliche Kontakt, den er bei seiner Rückkehr hat, ist ein „Spinnenfaden […], den die grüßende Luft von der Heimat her gegen seinen Rockkragen wehte" (S. 9). Diesen entfernt Apollonius allerdings „mit der eigensinnigsten Ausdauer" bis auch die „letzten, kleinsten Reste des Silberfadens" verschwunden sind, „ehe er sich mit ganzer Seele seinem Heimatsge-fühle überließ" (S. 9). Um in seiner Vorstellung, dem imaginären Idealbild, dass er sich gemacht hat, zu versinken, muss er zunächst alles Störende aus seinem Bewusstsein tilgen; die wirkliche Erfahrung erscheint ihm als etwas „Fremde[s]" (S. 10). Auch im übertragenen Sinne wird nur das imaginäre Idealbild zugelassen; die Wirklichkeit der Beziehungen, die immer auch Verstrickung und ‚Schmutz‘ mit sich bringen, fügt sich nicht in Apollonius‘ Konzept. „Verdrängung und die Wiederkehr des Verdrängten [sind dabei] ein und derselbe

---

[53] Allein in den ersten beiden Absätzen der Rückblende wird der Heimatbegriff sieben Mal verwendet und mit einem gewissen Wohlbehagen verknüpft, das sich aus nostalgischen Erinnerungen speist.

Prozeß", da die Verhüllung des Vorgangs den Blick auf eben diesen Vorgang lenkt – „erst durch diese Geste [wird] die Aufmerksamkeit auf die Verbindung gelenkt und ihre Wahrheit bestätigt"[54]. Gerade die nicht zustande gekommene Ehe zwischen Schwager und Schwägerin bei gleichzeitigem Zusammenleben ruft all die Fragen nach der Art ihrer Beziehung hervor und gibt den Anlass, die Geschichte der beiden zu erzählen. Die Vermeidung des Verdrängten im Text führt umso stärker zu dessen Hervortreten.

Am deutlichsten tritt das mit der bürgerlichen Ordnung in Konflikt stehende Begehren am Beispiel von Fritz zutage, der sich nicht scheut, das verdrängte Begehren Apollonius' beim Namen zu nennen. Steht Apollonius grundsätzlich auf der Seite von Sitte und Anstand, spiegelt sich in Fritz das dieser Ordnung entgegengesetzte, ungezähmte Dionysische, wenngleich in abgewerteter Form. Fritz scheint zusehends vom Verfolgungswahn besessen. Sein Wahnsinn liegt jedoch im Wesentlichen darin begründet, dass er den Konflikt der widerstreitenden symbolischen Ordnungen erkennt und das Begehren offen zur Sprache bringt. Als enfant terrible der Erzählung durchbricht er mit seiner Obszönität immer wieder die im Text gegebenen moralischen Normen, indem er heimliche Wahrheiten ausspricht. Das beste Beispiel dafür ist, wie genau er die geheimen Wünsche und das Begehren seiner Frau erkennt, noch ehe sie in ihr eigenes Bewusstsein gelangt wären. Fritz kennt keine Hemmungen, sexuelle Belange anzusprechen, obgleich er sie nicht direkt beim Namen nennt, sondern beispielsweise statt von ‚Flittchen' oder ‚Hure' lieber über ‚so eine' spricht. Dennoch ist unmissverständlich klar, was gemeint ist, wenn Fritz die Parallelen zwischen einer Geliebten und einer Prostituierten hervorhebt:

> „»Freilich«, lacht er noch wilder, »ein noch Dümmerer als der Träumer weiß, umsonst tut's keine. Die Schlechteste hält sich eines Preises wert. Eine mit solchen Haaren und mit solchen Augen, solchem Leib!« Er greift ihr in die Haare und sieht ihr in die Augen mit einem Blick, vor dem die Reinheit erröten muß, den nur die Verworfenheit lachend erträgt. Er nimmt das Erröten für ein Geständnis und lacht noch wilder. »Du willst sagen, ich bin noch schlechter als er. Hahaha! Du hast recht. Ich habe solch eine geheiratet. Das hätte er nicht. Dazu ist er noch nicht schlecht genug!«." (S. 98).

Gerade die Bezugnahme auf das Heiraten rückt dabei erneut den wirtschaftlichen Aspekt der Ehe in den Vordergrund, der schon bei der Beziehung zwischen Fritz und Beate ausschlaggebend war, wenn auch zum Negativen. So gesehen durchschaut Fritz den Konflikt zwischen bürgerlicher Ordnung und Ordnung des Begehrens besser als sein Bruder Apollonius, der nur in den Kategorien von Ehre und Anstand denkt. Auch Frivoles bringt Fritz zur Sprache. Im

---

[54] Žižek (wie Anm. 8), S. 32.

Beisein von Christiane und Apollonius macht er offene Anspielungen auf nicht genauer definierte sexuelle Handlungen und eine auditiv-voyeuristische Rolle, die er dabei übernehmen könnte. „Sie bettelt, ich soll gehen. Wozu? Ich sehe zum Fenster hinaus. Das ist ebensogut. Ich sehe nicht, was ihr treibt." (S. 99). Mit seinen Andeutungen fängt er Stimmungen und Eindrücke ein, die den beiden anderen Protagonisten noch gar nicht zu Bewusstsein gekommen sind, sondern nur im Unbewussten lauern. Als Christianes Ehemann ist er zudem in der Lage, ihre sadomasochistischen Tendenzen, die in der Analyse des Begehrens noch eine Rolle spielen werden, klar zu benennen. Er formuliert die in der Luft liegenden widerstreitenden Wünsche und Empfindlichkeiten zu einem verbalen Liebesspiel mit Demütigungen, Beleidigungen und Unterwerfung.

> „» [...] So redet doch miteinander. Du, sag' ihm, daß du ihn nicht leiden kannst; ich glaub's ja; was glaubt ein Mann so einer nicht? Und du, gib ihr Lehren, von Köln, wo du alles gelernt hast, wie man seinen Bruder von Haus und Geschäft vertreibt, um - nun, um - hahaha! Sag ihr doch: ein Weib soll willig sein. Was? Oh, solch ein willig Weib ist - sag' ihr doch, was so eine ist. Sie weiß es noch nicht, die - Unschuld! Hahaha!«" (S. 99f).

Neben der Konfrontation des anderen durch obszöne Anspielungen zeigt sich auch ein selbstreflexives Element im Erleben der Protagonisten, wodurch die Auseinandersetzung mit den eigenen inneren Widersprüchen nötig wird: In diesem Fall tritt der Konflikt widerstreitender Ordnungen vermittels von Träumen und Visionen zutage. Alle drei Nettenmairs schützen sich vor ihren eigenen Abgründen, indem sie sich eine Scheinwelt aufbauen, in denen ihre sinnlichen, mörderischen oder hasserfüllten Wünsche keinen Platz haben. So versteht es Apollonius, sich durch Autosuggestion weiszumachen, er hege ausschließlich brüderliche Zuneigung für seine Schwägerin Christiane (S. 72). Anderweitige Neigungen werden dadurch effektiv ins Unterbewusste verdrängt. Der alte Nettenmair ist sich gewiss, einzig und allein die Ehre der Familie im Blick zu haben, der er sämtliche seiner Gedanken widmet (S. 35); Fritz Nettenmair schiebt die Verantwortung für seine tödlichen Pläne seiner Umgebung (S. 125) zu. Durch Träume und Visionen werden die prekären Selbstbilder im Text medial als das entlarvt, was sie sind: ein Versuch, mithilfe von Verdrängung die eigene Selbstachtung zu wahren, indem das Eingeständnis der eigenen, tabuisierten Wünsche umgangen wird. Fritz Nettenmair, der den Konflikt zwischen bürgerlicher Ordnung und Ordnung des Begehrens am klarsten erfasst, indem er die Wirksamkeit von Tabuisierungen grundsätzlich anzweifelt, ist auch am besten von allen in der Lage, seine eigenen Abgründe zu erkennen. Dies macht sich schon darin bemerkbar, dass er sich tagsüber, in Tagträumen und

Gedankenspielen mit der Wirklichkeit seiner Wünsche konfrontiert sieht, während Apollonius und sein Vater nur nachts in Träumen Zugang zu ihrem heimlichen Verlangen haben. Während sich Fritz der gewonnenen Erkenntnis verweigert und der alte Nettenmair gar keinen weiteren Gedanken darauf verschwendet, brütet Apollonius so lange über der Bedeutung seines Traumes, bis sie unversehens Wirklichkeit wird. Die einzige, über deren Träume nichts berichtet wird, ist Christiane. Nachdem Fritz sie auf die Natur ihres Begehrens hingewiesen hat, nimmt sie dieses Verlangen bereitwillig an (S. 81), wenngleich sie sich verspricht, nicht danach zu handeln. Sie integriert das zuvor verdrängte Begehren mithilfe ihres moralischen Masochismus in ihre täglichen Abläufe und findet somit ihre eigene, unbewusste Kompensationsstrategie.

Den Auftakt bildet der nur sehr knapp skizzierte, schwierig zu deutende Traum des alten Nettenmair, den er inmitten der angespannten und vor unterdrücktem Konflikt knisternden Stimmung unmittelbar nach der Rückkehr von Apollonius hat:

> „[…] Dem alten Herrn träumte, man trüge einen Toten mit Schande in das Haus, und das alte Haus knackte in allen seinen Balken und wußte nicht warum. Und der Geist wandelte noch lange, als alles schon zu Bette war, durch seine Zimmer, herauf und herab, her und hin, auf der Emporlaube, im Gärtchen, im Schuppen und im Gang und rang die bleichen Hände; er wußte warum." (S. 47).

Einerseits könnte der Traum als Vorahnung der zu erwartenden Ereignisse verstanden werden, wenngleich das am meisten gefürchtete Ereignis – die Familienschande – letztlich nicht eintritt. Andererseits gelten Träume psychoanalytisch auch als Wunscherfüllung, selbst wenn sie vordergründig negativen Inhalts sind[55]. Diese Deutung ist die deutlich interessantere, wirft sie doch einen Blick über den bloßen Spannungsaufbau des Textes hinaus, indem sie auch die Beziehung des Vaters zu seinen Söhnen ins Blickfeld rückt. Erkennbar wird darin ein gespanntes Verhältnis zu seinem Sohn Fritz, dem er nicht vertraut. Im Gegenteil ‚schadenfreut' er sich, dass Fritz durch die Rückkehr seines Bruders nicht mehr so schalten und walten kann, wie es ihm beliebt, bangt der alte Nettenmair doch um seine eigene innerfamiliäre Autorität. Vor allem aber bezeichnet er in der direkten Gegenüberstellung Apollonius ausdrücklich als seinen Sohn, Fritz hingegen nennt er nur mit dem Vornamen (S. 44f). Auch der Tod des Älteren erscheint ihm in einem positiven Licht. Während der alte Nettenmair nach der überstandenen Angst um den „rechtschaffenen Sohn[]" schließlich „Vaterschmerz" verspürt und nachträglich um ihn weint, „[j]etzt, da der Seelenkrampf, in dem er sich seit Valentins Mitteilung befunden, sich zu lösen begann" (S. 147), nimmt er den Tod von Fritz eher mit

---

[55] Vgl. Jacques Lacan: Das Seminar von Jacques Lacan. Band II. 2. Ausgabe, Weinheim 1991, S. 195–196.

Befriedigung auf: „Der alte Herr erriet, der verlorene Sohn hatte den Tod absichtlich gesucht. Er fand, es war so gut." (S. 173). Diese Tendenz wird durch die innere Erzählinstanz verstärkt, die den Tod des älteren Sohnes als Befreiungsschlag präsentiert, nach dem das Leben sich „nun so heiter sich gestalten" müsse, wie es der äußere Schein verspreche (S. 176). Unter diesem Gesichtspunkt kann der Angsttraum des alten Nettenmair auch als verzerrter Wunschtraum gelesen werden, der ihm die Befreiung von seinem Ältesten verspricht, zu dem er nur ein stark entfremdetes, auf Rivalität gegründetes Verhältnis pflegt.

Bei Fritz liegt das Abgründige offener zutage als bei seinem Vater und so überrascht es nicht, dass Fritz' Phantasie ihm das zu erwartende Geschehen im Wachzustand vor Augen stellt, als sehe er in eine Kristallkugel. Dies geschieht unmittelbar auf die als Ankündigung, Drohung oder Ermutigung deutbare Aussage des Gesellen hin, man werde einen Toten in der Familie Nettenmair zu beklagen haben:

> „Fritz Nettenmair sah in die weißgrauen Nebel hinein [...]. Sie stiegen empor und verdichteten sich zu seltsamen Gestalten, sie kräuselten sich, flossen auseinander und sanken wieder nieder, sie bäumten wieder auf. [...] Es war ein traumhaftes Treiben, ein unermüdliches Weben ohne Ziel und Zweck. Es war ein Bild dessen, was in Fritz Nettenmairs Seele vorging, ein so ähnlich Bild, daß er nicht wußte, sah er aus sich heraus oder in sich hinein. Da war ein nebelhaftes Herabbiegen und Händezusammenschlagen um eine bleiche Gestalt am Boden, dann ein langsam wallender Leichenzug; und bald war es der Feind, bald war es der Bruder, der dort lag, den sie trugen." (S. 105).

Das eigene Selbstbild wird entlastet, indem Fritz den erwarteten Tod seines Bruders dem Willen des Schicksals zuschreibt. Unter diesen Vorzeichen und in Erwartung seines gesellschaftlichen Wiederaufstiegs ist er sogar begrenzt fähig, neben der Genugtuung ein gewisses verlogenes Mitleid zu spüren und sein positives Selbstbild damit zu stärken: „Fritz Nettenmair fühlt sich einen Engel; er wünscht, der Bruder müßte nicht sterben, weil – er weiß, daß der Bruder sterben muß." (S. 105). Diese Idee, einmal in Fritz' Gedanken eingepflanzt, lässt ihn nicht mehr los und verfolgt ihn Tag und Nacht bis in seine Träume[56]. Er erwartet stündlich den tödlichen Sturz seines Bruders und wird verdrießlich, als dieser nicht erfolgt. Erst als

---

[56] „Aus dem fieberischen Horchen und Sichberuhigen wird ein fieberisches Träumen. Er sieht Apollonius, wie er seine Leiter an der Helmstange festbinden will, und sagt sich bei jedem Schritt des Steigenden wie tröstend: »Jetzt wird er fallen! jetzt!« aber Apollonius fällt nicht. Jeden Augenblick erwartet er, die Taue sollen reißen, in welchen Apollonius mit seinem Fahrzeuge hängt; sie reißen nicht. In diese Träume hinein hört er die Tür der Stube gehen; der Traum macht einen Fall daraus, den Fall eines schweren Körpers aus ungeheurer Höhe. Da wird ihm leicht, als wäre nun alles gut. [...] Fritz Nettenmair weiß es im Halbschlaf: in der Stube liegt ein Toter. Sie haben ihn gebracht. »In das Unabänderliche muß der Mensch sich ergeben.« Zum ersten Mal seit vielen Monden schläft er wieder ruhig. Und warum sollte er nicht? Aus dem leisen Weinen wird ein lustiger schottischer Walzer. »Da ist er ja, Nun wird's famos! klingt es aus der Ferne vom Roten Adler herein in seinen Schlaf.«" (S. 111).

immer mehr Zeit verstreicht, kommt ihm der vom Gesellen suggerierte Gedanke, er könne das ‚Unabänderliche' eigenhändig beschleunigen. Den eigentlichen Anstifter dieser Idee hat er dabei schon längst vergessen:

> „Eine ganze Reihe von Gedanken steht fertig da; es ist, als ständen sie schon lang, und der Blitz hat sie nur sichtbar gemacht. [...] Das Schicksal will seine Hülfe; drum legt es selber ihm Tau und Beil in die Hand. Wer weiß, daß er hier war? [...] Wer sieht den Stichen an, daß sie absichtlich gemacht sind? [...] Das Schicksal hält ihn oder läßt ihn fallen, nicht das Seil oder ein Schnitt darin. [...] All diese Gedanken schlug mit einem Schlage jener eine aus Fritz Nettenmairs Seele! Im Nu war er entglommen; im Nu schlägt der Höllenfunke zur Flamme auf. Er hat das Tau in der linken Hand; er hebt das Beil - und läßt es schaudernd fallen. An dem Beile glänzt Blut; durch die ganze Länge des Schuppens ragt ein blutiger Streif. Fritz Nettenmair flieht aus dem Schuppen. Er flöhe gern aus sich selbst heraus;" (s. 123f).

Die zufällige Erscheinung wirkt wie ein Zeichen des Schicksals, das ihm die Konsequenzen seines Handlungsvorsatzes sichtbar vor Augen zu führen scheint und damit quasi symbolisch bestätigt. Die daraus folgende Selbsterkenntnis bewirkt in Fritz jedoch ein „Grauen über das, was er gewollt, und daß es war, als hätte ihm der Bruder noch zu seinem Werke leuchten wollen" (S. 125). Das Bewusstsein seiner eigenen Abgründe weicht aber rasch wieder einem Selbstrechtfertigungsprozess, der die eindeutigen Zuweisungen von Gut und Böse, Täter und Opfer wieder zurechtrückt und Fritz ermöglicht, sich zumindest ansatzweise mit sich selbst im Reinen zu fühlen. „Er tat es nicht, aber er rückte sich wieder in seinem Hasse zurecht. Er sagte sich, so weit sollen sie ihn nicht bringen." (S. 125). Die Einsicht in das unkontrollierbare Gewaltpotential des Begehrens, das für einen Moment Bewusstseinsstatus erlangt und seine Wahrnehmung sowie sein Selbstbild erschüttert hatte, wird durch Rationalisierung wieder in den Hintergrund gedrängt.

Im Gegensatz zu Fritz sind Apollonius' unterdrückte Wünsche tiefer in seinem Inneren vergraben. Er hat sie so lange beiseite gedrängt, dass sie ihn erst dann im Traum einholen, nachdem er in der Wirklichkeit schon einen Vorgeschmack davon bekommen hat, als er Christiane in seinen Armen hielt und selbst dann wird nur einer der beiden möglichen Tabubrüche sichtbar[57]. Apollonius bemüht sich nach besten Kräften, die Gedanken an Christiane zu verbannen und sich stattdessen auf das Wohl seines Bruders und seiner Familie zu besinnen. Doch als er einschläft, war es „kein Schlaf, wie er ihn bedurfte; es war ein ununterbrochener aufregender Traum. Christiane lag in seinen Armen wie gestern, er kämpfte wieder, aber diesmal siegte er nicht; er preßte sie an sich." (S. 168). Was er sich in der

---

[57] Sein Traum reflektiert nur das, was unmittelbar unter der Oberfläche liegt. Das Tabu, mit welchem das homosexuelle Begehren belegt ist, erweist sich als zu mächtig, um dieses zum Thema werden zu lassen. Näheres dazu in Kapitel 3.

Realität aus Ehrgefühl und Anstand nicht gestattet, stellt ihm sein Traum umso lebhafter vor Augen. Wie erotisch aufgeladen die Textstelle sein kann, ist dabei immer von der Auslegung des Lesers abhängig. Während vordergründig nur eine einfache Umarmung beschrieben wird, legt die Eindringlichkeit der verschämten Umschreibung ‚er preßte sie an sich' durchaus weitergehende Wünsche und Vorstellungen nahe. Doch auch im Traum kann der Rivale nicht ausgeblendet werden: „Da stand der Bruder neben ihnen, und sie standen nicht mehr auf dem Gange zwischen Schuppen und Haus, sondern oben am Turmdach auf der fliegenden Rüstung." (S. 168). Es ist zunächst einmal die reine Anwesenheit des Bruders, welche die Szenerie ändert und aus der innigen Nähe einen gefährlichen Balanceakt macht. „Der Bruder wollte ihm die Besinnungslose aus den Armen reißen, um sie zu mißhandeln; er war im schmerzlichen Zorne dem Bruder alles vor, was er an ihm und ihr getan, und im Kampfe um das Weib stieß er ihn von der Rüstung." (S. 168). Im Traum stilisiert sich Apollonius zum starken Retter der misshandelten Schwägerin und findet endlich den Mut, seinen Bruder zur Rede zu stellen und alles offen auszusprechen, was ihn empört, wofür er sonst immer Verständnis aufgebracht hat. In gewissem Sinne schafft er sich im Traum ein imaginäres Ideal-Ich[58], mit dem er über sich selbst hinauswächst und Stärke dem Bruder gegenüber beweist. Der Traum ist also aus der Perspektive des Unbewussten keineswegs ein Angsttraum, sondern eine Wunscherfüllung, in der die Phantasie Apollonius alles das vor Augen stellt, was er gerne hätte. Selbst sein Brudermord erscheint ihm nur als Totschlag, zudem noch als moralisch gerechtfertigter, geschieht er doch im Interesse der schutzbedürftigen Christiane. Dennoch ist er beim Aufwachen erschrocken. „Er erwachte. Er wollte munter bleiben, um den Traum nicht noch einmal durchträumen zu müssen." (S. 168). Diese Reaktion ist im Wesentlichen seinem Selbstbild geschuldet, das sich dem eigenen Hass auf seinen Bruder nicht stellen möchte, da eine offen feindselige Haltung nicht mit Apollonius' Wertesystem übereinstimmt. Aufzuwachen löst den Knoten allerdings nicht, da Apollonius die im Traum gewonnene Erkenntnis nicht loslässt: "[I]n our unconscious, in the real of our desire, we are all murderers"[59]. „Was Verstand und Liebe sagen mochten, er fühlte in der Heirat eine Schuld. [...] Er sagt sich: das war nur im Traum; was man im Traume tat, hat man nicht getan. Aber wachend hallten die wilden Gefühle des Traumes nach." (S. 185; 187). Diese erschreckende Einsicht verselbständigt sich in einen Tagtraum als idée fixe, über das Schicksal des Bruders durch

---

[58] „»Ideal-Ich« steht für das idealisierte Selbstbild des Subjekts (die Art und Weise, wie ich sein möchte, wie ich möchte, daß die anderen mich wahrnehmen)." Žižek (wie Anm. 8), S. 108.
[59] Ebenda., S. 16f.

seine eigenen Handlungen aufgrund quasi magischer Fähigkeiten mitzubestimmen: „Hinter dem Kampfe seines Gewissens mit den Bildern seines sündhaften Traums drohte als dunkle Wolke die Ahnung, er hämmere in seiner Zerstreuung ein künftiges Unheil fertig." (S. 168f).

Das im Traum offenbarte Begehren erschüttert Apollonius nachhaltig und führt ihm einen anderen, leidenschaftlicheren Teil seiner Persönlichkeit vor Augen, dem er nicht ausweichen kann:

> „Immer wehte der Hauch des warmen Mundes an seiner Wange, immer fühlte er sich in ihrem schwellenden Umfangen, immer quollen ihm die leidenschaftlichen Vorwürfe gegen den Bruder, der bei ihm stand, aus dem Herzen herauf. Er kannte sich nicht mehr." (S. 168f).

Diese Selbsterkenntnis lässt sich nicht mit seinem Moralverständnis vereinbaren, seine bisherigen Gewissheiten scheinen nichts mehr wert zu sein, sein mühsam aufgebautes Selbstbild des anständigen, rein brüderlich fürsorglichen Schwagers erweist sich als Selbsttäuschung. Die Einsicht in die Unvereinbarkeit seines moralischen Anspruchs mit seinem heimlichen Begehren bestätigt rückwirkend die Einsicht in den Konflikt der symbolischen Ordnungen, wie sie Fritz schon früher formuliert hatte. Dies führt Apollonius zu einem „Doppelleben" (S. 184) voller heimlicher Sehnsüchte einerseits und Gewissensbisse andererseits. Der tatsächliche Sturz seines Bruders vom Kirchendach wirkt in diesem Zusammenhang wie die zeichenhafte Erfüllung seiner unterdrückten Wünsche. Sein Schuldgefühl entspricht der typischen Reaktion eines Mordverdächtigen, die Žižek in Bezug auf die Gesamtheit aller Tatverdächtigen eines Mordfalls beschreibt:

> "The corpse constitutes them as a group (a group of suspects), it brings and keeps them together through their shared feeling of guilt – any one of them could have been the murderer, each had motive and opportunity. [...] In regard to the libidinal economy, the detective's "solution" is therefore nothing but a kind of realized hallucination. [...] our desire is realized and we do not even have to pay the price for it."[60]

Die faktische Wahrheit mag besagen, dass Apollonius keine Schuld am Tod seines Bruders trägt, die libidinöse Wahrheit spricht hingegen eine andere Sprache; und gegen diese innere Stimme sind alle Selbstrechtfertigungsversuche machtlos.

So sehr die Oberflächennarration mittels der Erzählstimme des Binnenerzählers und die Montage der fiktionalen Fakten Apollonius als übermäßig tugendhaften Charakter darstellt, medial wird dieses Bestreben immer wieder unterlaufen. Vergleicht man die beiden ungleichen Brüder auf der Ebene ihrer Träume und Visionen, sind sie gar nicht so weit

---

[60] Žižek (wie Anm. 36), S. 59.

voneinander entfernt, wie die Erzählinstanz glauben machen möchte. Die Rivalität erzeugt eine Kreislaufstruktur, in der sich die Verhaltensweisen der beiden Gegenspieler nach und nach einander annähern. Höhepunkt dieser Entwicklung ist die gewaltsame Auseinandersetzung auf dem Kirchendach, in der Fritz die veränderte Haltung Apollonius' erkennt und ihm entgegenschleudert, ob er nun endlich sein wahres Gesicht zeige (S. 171). Darin spiegelt sich wieder, was René Girard bei der Analyse des mimetischen Begehrens als ‚Zyklothymie' bezeichnet. In ihr wird deutlich, dass die Gegenspieler nie gleichzeitig dieselbe Haltung einnehmen, diese aber wechselseitig in immer schnellerer Abfolge für sich beanspruchen, während sie sich im gegeneinander gerichteten Kampf um die Vorherrschaft befinden:

> „Es gibt nie etwas auf der einen Seite des Systems, was man nicht schließlich auch auf der anderen wiederfindet, vorausgesetzt, man wartet lange genug. [...] Auf der einen wie der anderen Seite ist alles identisch, und zwar nicht nur der Wunsch, die Gewalt und die Strategie, sondern auch der Wechsel von Siegen und Niederlagen, die Begeisterung und die Depression: überall besteht die gleiche Zyklothomie."[61]

Die stark gesteuerte Verteilung der Sympathien, wie sie durch unzuverlässiges und tendenziöses Erzählen insbesondere in der Binnenerzählung hervorgerufen wird, zeigt sich letztlich von medialen Störfaktoren unterlaufen, welche die Ähnlichkeit der beiden Brüder auf der Ebene ihrer Rivalität entlarven. Sie bringen die ‚libidinöse Wahrheit' ans Licht und schärfen zugleich den Blick für die Abwehrversuche Apollonius', der versucht, mithilfe einer geradezu verzweifelten Ordnung der ‚Spinnweben' und des ‚Schmutzes' seines eigenen, noch tiefer verborgenen Begehrens Herr zu werden.

2.5 Poetischer Realismus

Ein gewisses Maß an ‚ideeller Durchdringung', wie sie Otto Ludwig bezeichnete, ist kennzeichnend für den poetischen Realismus[62] und macht es unausweichlich, dass sich alles Störende in *Zwischen Himmel und Erde* nur indirekt vermittelt, also in Geistern, Spinnweben, Architektur oder vermeintlichem Wahnsinn, äußern kann. Die Neigung zu einer „Synthese zwischen Wirklichkeitsbezug und Verklärungstendenz"[63] betrifft in unterschiedlichem Maße die gesamte Literatur des Realismus, insbesondere aber den poetischen Realismus, als dessen

---

[61] Girard (wie Anm. 7), S. 232.
[62] Vgl. Hugo Aust: Realismus, Stuttgart 2006, S. 75.
[63] Hugo Aust: Literatur des Realismus. 3. Ausgabe, Stuttgart 2000, S. 27.

programmatischer Begründer Otto Ludwig nach wie vor weithin gilt[64]. Im poetischen Realismus sollte mit dem Dargestellten immer auch eine leitende Idee abgebildet werden, die sich indirekt in der Komposition widerspiegelt. Ludwig entwarf dazu das Konzept eines ‚Romans des Nebeneinander'[65], in welchem die widerstreitenden Pole einander gegenüberstehen, während das Ideal ‚unsichtbar in der Mitte' liegt[66]. Es ist unmittelbar einsichtig, dass Dichtung, die einer solchen Konzeption des ›Idealrealismus‹[67] folgt, nicht zweckfreie Nachahmung sein kann, sondern die fiktionalen Fakten in besonderer Art und Weise auswählt und mit einer gezielten Perspektivierung versehen wiedergibt. Die realistische Erzählweise tritt somit nur als ein Hilfsmittel in Erscheinung, um ein „erhöhtes Spiegelbild"[68] der Wirklichkeit zu erschaffen, das dem Leser leicht zugänglich ist. Diese Überhöhung erfolgt, „die nackten Stellen des Lebens überblumend"[69], in *Zwischen Himmel und Erde* nicht zuletzt mithilfe der nachgewiesenermaßen unzuverlässigen Erzählweise.

Der mit realistischen Mitteln verwirklichte idealistische Ansatz zeigt sich auch an der Leserführung. In seiner Programmatik war es Otto Ludwig ein Anliegen, dass Literatur einen neutralen Standpunkt einnehmen müsse, „über den Parteien schwebend"[70], um die übermäßige Identifikation des Lesers mit einem der Protagonisten zu verhindern. Dies sollte indirekt bewerkstelligt werden, indem die widerstreitenden Positionen durch die geschickte Gegenüberstellung einander relativierten:

> »Diese Polyphonie ist das Mittel, das Subjektivste objektiv zu machen, indem die eine Subjektivität immer der andern als Objekt dasteht, und indem der Zuschauer gehindert ist, seine eigene Subjektivität in die Schale einer der sich vor ihm auslebenden Subjektivitäten zu werfen«"[71].

Das Ziel war also eine unparteiische Gesamtschau der unterschiedlichsten Charaktere. Diese Konzeption gelingt in *Zwischen Himmel und Erde* nur begrenzt. Die Figurenzeichnung unterliegt zwar keiner völligen Polarität, doch bei aller Relativierung von Apollonius' Tugenden durch seine übertriebene Genauigkeit und aller positiv zu wertenden Einsicht

---

[64] „Es ist das Verdienst von C.A. Bernd (1995), entdeckt zu haben, daß der wahre Urheber der Begriffsbildung ›poetischer Realismus‹ Per Daniel Atterbom war, der im Jahr 1838 mit diesem Prädikat den Schriftsteller Johan Ludvig Runeberg hervorgehoben hatte." Ebenda., S. 26.

[65] Vgl. McClain (wie Anm. 4), S. 67.

[66] Vgl. Jörg Schönert: Otto Ludwig: Zwischen Himmel und Erde (1856). Die Wahrheit des Wirklichen als Problem poetischer Konstruktion. In: H. Denkler (Hrsg.): Romane und Erzählungen des Bürgerlichen Realismus. Neue Interpretationen, Stuttgart 1980, S. 153–172, hier S. 159–160.

[67] Vgl. Werner Hahl: Reflexion und Erzählung. Ein Problem der Romantheorie von der Spätaufklärung bis zum programmatischen Realismus, Stuttgart/Berlin/Köln/Mainz 1971, S. 204.

[68] Ludwig 1874, in RuG II, S. 103, zit. nach Aust (wie Anm. 63), S. 71.

[69] Ludwig, Otto: Werke. Hrsg. v. Adolf Bartels. Bd. 6, S. 157 Leipzig o.J. zit. nach: Aust (wie Anm. 64), S. 24.

[70] Ludwig, Otto: Werke. Hrsg. v. Adolf Bartels. Bd. 6, S. 349. Leipzig o.J. zit. nach: Ebenda.

[71] RuG II, 1891, S. 328, zit. nach: Aust (wie Anm. 63), S. 72.

vonseiten Fritz' in sein zerstörerisches Verhalten[72], dominiert bei einer unkritischen Lesart letztlich das Bild, der ‚rechtschaffene' Bruder habe sich durchsetzen können, während der ‚niederträchtige' Gegenspieler den selbstverschuldeten Tod gefunden habe. Statt die Ausgangssituation der Rahmenhandlung nur zu erläutern, rechtfertigt die Binnengeschichte sie, indem sie die Sympathien für die Protagonisten unter kleinbürgerlichen Gesichtspunkten lenkt.

In inhaltlicher Hinsicht ist es aufschlussreich, dass der poetische Realismus den Anspruch erhebt, Allgemeingültiges, allgemein Menschliches im Gewand einer detailliert geschilderten Gegebenheit wiederzugeben. Mit den Worten Otto Ludwigs: „Der Realist nennt wahr, »was immer geschieht«, hält sich an den »Typus« und die »typische Geschichte solcher Menschenart, wie sie es treibt, wie es ihr ergeht und ergehen muß«"[73]. Mit diesem Anspruch entsteht eine Schnittstelle zwischen Realismus und antiker Tradition, in der Mythen beispielsweise durch Platon als fiktionale Erzählungen definiert wurden, die allgemeine Wahrheit enthalten[74]. Trotz der Sonderstellung der Hebräer sind sich aufgrund des mediterranen Kulturraums viele Einflüsse der klassischen Antike auf die israelitische Kultur festzustellen, so dass auch biblische Mythen des Alten Testaments unter dem Gesichtspunkt dessen, „was niemals geschah und immer ist"[75] betrachtet werden können und müssen. So gesehen ist die intertextuelle Bezugnahme des Textes auf Kain und Abel sowie die Parallelität zu Jakob und Esau von besonderem Interesse, denn sie ermöglicht, die Erzählung als Aktualisierung der alttestamentarischen Mythen feindlicher Brüder zu verstehen. Das Grundmuster der Rivalität um die Gunst des Vaters beziehungsweise um die Nachfolge wird im zeitgenössischen Gewand einer realistischen Erzählung neu aufgegriffen und interpretiert. Dieser Befund bestätigt zudem die zentrale Bedeutung, welche dem Konkurrenzverhältnis als Motor der Entwicklung zukommt. Zugleich steht dieser zweite Anspruch, allgemeingültige und folglich auch unangenehme Wahrheiten des menschlichen Daseins zur Sprache zu bringen, offensichtlich im Konflikt mit dem Wunsch, ein überhöhtes Spiegelbild der Wirklichkeit zu schaffen. Es ist der Zwiespalt zwischen der Orientierung am Inhalt und der Orientierung an den Erwartungen des Publikums: „Hart reibt sich hier der kritische Impuls am gesellschaftlichen

---

[72] Vgl. auch Jörg Schönert (wie Anm. 67), S. 159–160.
[73] Otto Ludwig: Werke VI, S. 326. Zit. nach: Aust (wie Anm. 63), S. 71.
[74] Jan-Dirk Müller (Hrsg.): Reallexikon der deutschen Literaturwissenschaft. 3. Ausgabe, Berlin 2003, S. 665; Mythos, BegrG.
[75] Sallust: „Über die Götter und den Kosmos", Kap. 4. Zitiert nach http://www.philosophie.tu-darm-stadt.de/media/institut_fuer_philosophie/diesunddas/hubig/materialienzulehrveranstaltungen/vorlesungmythosun drationalitt/5mythosundrationalitt.pdf Abgerufen am 30.08.2012.

Auftrag, behaglich zu bleiben."[76] Daraus ergibt sich die im Text nachweisbare Spannung zwischen der bürgerlichen Fassade einerseits und dem diese Ordnung herausfordernden stellvertretenden Begehren andererseits. Dass dieser Konflikt zu Verwerfungen im Text führt, ist unvermeidlich.

> "Die "nackten Stellen des Lebens", das "Wilde und Ungeheure", "Verwirrung und Monotonie", das "entsetzlich Outrierte" und "Gequälte" scheinen überall durch, jedenfalls bei Ludwig [...]. Der 'gesunde' Realismus produziert am Ende erst recht den Reiz des Verbotenen oder aber, wovon Ludwig weiß, den "Drang" zum "Trivialen" (RS, 552)."[77]

Dieser ‚Reiz des Verbotenen' kann leicht zu dem Eindruck führen, die offen präsentierten Ereignisse böten alles an skandalträchtigem Material, was im Text zu finden sei. Bei genauerem Hinsehen jedoch bieten sich weitere Zusammenhänge dar. Löst man sich von der trivialen Oberfläche, lässt sich gerade durch die Widersprüche im Text, in denen der „versöhnliche[] Gestus, wie dieser vom Erzähler ausgeht, [...] dessen Ton in Widerspruch zur Faktizität des Erzählten statt zum Vorzeichen des Textes [gerät]"[78], Grundlegendes über die der Beziehungsdynamik, in Form der Ökonomie des stellvertretenden Begehrens, zugrundeliegenden Motivation der Protagonisten, und die Rechtfertigungsstruktur des Textes erfassen. Das „viel mächtigere[] Tabu derjenigen Realität, die nicht im "erhöhten Spiegelbild" erscheinen soll"[79] versucht der Text mithilfe bestimmter Erzählverfahren zu kontrollieren.

Wesentliche inhaltliche Fragen sind durch das für den Realismus charakteristische Verfahren der Verklärung „der nachfragenden Kritik des Lesers entzogen"[80]. Dieser Befund kann für eine Textanalyse jedoch niemals der Schlusspunkt sein, sondern fordert dazu heraus, den Text noch einmal, diesmal auf die verschleierten Fakten der fiktionalen Welt zu befragen. Dies wird überhaupt erst möglich, weil die Erzählverfahren selbst zum Gegenstand der Erzählung werden, indem der Text sie in einer doppelten Struktur von use und mention reflektiert und transparent macht. Ausgehend von der Tatsache, dass der Text mit seiner Binnenerzählung das ‚eigene Zusammenleben' im Nettenmairschen Hause zu rechtfertigen versucht, ist dies der Punkt, an dem die Untersuchung ansetzen muss. Im Bereich der zwischenmenschlichen Beziehungen besteht der größte Erklärungsbedarf und folglich auch der meiste Anlass

---

[76] Aust (wie Anm. 63), S. 71.
[77] Korte (wie Anm. 5), S. 21.
[78] Claudia Pilling (wie Anm. 35), S. 13f.
[79] Korte (wie Anm. 5), S. 17–18.
[80] Jörg Schönert (wie Anm. 67), S. 162.

zur Verheimlichung. Hier lohnt sich der Rückgriff auf die psychoanalytische Forschung. Was sich bei genauerem Hinsehen eröffnet, ist der Blick auf die Ökonomie des
stellvertretenden Begehrens.

3. Die Ökonomie des Begehrens

Die berechtigten Zweifel am Erzählverfahren machen es nötig, das auf den ersten Blick so eindeutig geschilderte Beziehungsgeflecht in Zwischen Himmel und Erde auf den Prüfstand zu stellen. Welches offene Geheimnis versucht der Text so wortreich zu entschuldigen und verbergen?

Das offensichtliche ‚Objekt' des Begehrens, an dem sich der Bruderkonflikt entzündet, scheint Christiane zu sein. Allein das wäre schon skandalträchtig genug. Doch in Wirklichkeit ist die Auseinandersetzung um die Frau nur ein stellvertretender Kampfschauplatz, der den Blick darauf verstellt, dass die Widersacher die eigentliche Auseinandersetzung um die Gunst des Vaters und dessen Nachfolge führen. Dabei stehen zugleich das eigene Ansehen und das Selbstbild auf dem Spiel, was einer grundlegende Rivalität der beiden Brüder nach sich zieht. Die eingangs erwähnten psychoanalytischen Erkenntnisse zu den Dreiecksstrukturen des ödipalen Konflikts und den unterschiedlichen Spielarten Begehrens ermöglichen ein tiefergehendes Verständnis des dargestellten Beziehungsdynamiken und der Funktion, die dem Gegenspieler, dem Anderen für das eigene Begehren zukommt. Die zentrale Bedeutung der Theorien für das Textverständnis wird im weiteren Verlauf der Analyse schrittweise herausgearbeitet werden. Die Synthese der verschiedenen Ansätze führt schließlich zur Konzeption des stellvertretenden Begehrens, in dem die Widersacher mittels eines begehrten Objekts die Liebe einer übergeordneten Instanz für sich sichern wollen.

Das Begehren des Anderen ist Žižek zufolge in diesem Kontext im doppelten Wortsinn zu verstehen, "sowohl im genitivus subjectivus wie objectivus: Begehren nach dem anderen, Begehren, von dem anderen begehrt zu werden, und, ganz besonders, Begehren was der andere begehrt"[81]. Auch Girard betont in seinen Schriften, dass die Bedeutung des Rivalen die Struktur stärker bestimme als das eigentliche Objekt der Auseinandersetzung[82]. Während seine Analyse des triangulären Begehrens insbesondere die Vermittlung des Begehrens im Blick hat, arbeitet das mimetische Begehren den progressiven Zyklus der Gewalt heraus, in dessen Verlauf sich die Konkurrenzsituation nach und nach zuspitzt und welcher nur durch ein Opfer beendet werden kann. Girard gewinnt seine Thesen zum mimetischen Begehren aus der Analyse antiker Mythen, verallgemeinert ihren Geltungsanspruch anhand wissenschaftli-

---

[81] Žižek (wie Anm. 8), S. 52.
[82] vgl. auch: Sedgwick (wie Anm. 6).

cher Erkenntnisse dann aber ins allgemein Menschliche[83]. Diese Verbindung anthropologischen und mythischen Anspruchs korreliert mit dem Erzählverfahren in *Zwischen Himmel und Erde*, wo einerseits auf die Geschichte von Kain und Abel Bezug genommen wird und andererseits immer wieder Sentenzen das Allgemeingültige der Geschehnisse betonen.

Ausgangsbasis und dennoch nahezu eine Randerscheinung ist in den Theorien Girards die „Gottheit"[84], deren Stelle in *Zwischen Himmel und Erde* anfänglich der Vater einnimmt. Erst der beidseitige Wunsch der Brüder, die Gunst des Vaters zu erringen, löst den Wettstreit um das Objekt aus. Eine solche interfamiliäre Rivalitätskonstellation ruft zwangsläufig das Modell des ödipalen Dreiecks auf, wonach ein Kind mit einem Elternteil um die Liebe des anderen rivalisiert. Andreas Kraß fasst in seiner überblicksartigen Darstellung verschiedener Theorien zum Rivalen auch dieses Konzept sehr prägnant zusammen und hebt die verschiedenen Realisierungsmöglichkeiten, die sich aufgrund der „konstitutionellen Bisexualität des Menschen" ergeben können, hervor[85]. Im vorliegenden Fall ist der ödipale Konflikt in beiden Brüdern präsent, wenngleich in unterschiedlichen Ausprägungen: Für Fritz ist im Wesentlichen das Inzesttabu relevant, während bei Apollonius auch das Homosexualitätstabu in problematischer Weise zum Tragen kommt. So stellt der Vater als Bezugspunkt für Fritz den Rivalen dar, für Apollonius hingegen das uneingestandene Liebesobjekt[86].

Zusammenfassend ergibt sich ein Beziehungsgeflecht mit vier zentralen Punkten: der ‚Gottheit', den beiden Konkurrenten und dem Objekt des Begehrens. Die aus dieser Konstellation resultierende Struktur kann bildlich als ein gespiegeltes Dreieck vorgestellt werden, in dem die Verbindungslinie zwischen den Rivalen die Mittel- und zugleich die Spiegelachse bildet. Im Zentrum steht die Auseinandersetzung der beiden Gegenspieler, die sich zunächst um die Nähe zur ‚Gottheit', dann um die Gewinnung des Objekts dreht. Da das Objekt des Begehrens hierbei nur als Mittel zum Zweck dient, kann es mit dem Wegfallen des Rivalen und Mittlers wieder aufgegeben werden. Der ursprüngliche Beweggrund, die Beziehung zur ‚Gottheit', weist demgegenüber eine höhere Beständigkeit auf, steht sie doch am Beginn der gesamten Dynamik, in welcher das Objekt nur eine Stellvertreterposition innehat.

---

[83] Girard (wie Anm. 7), S. 214 ff.
[84] Girard (wie Anm. 6), S. 66.
[85] Andreas Kraß (wie Anm. 6), S. 226.
[86] Die Liebe zum Vater, die für Apollonius ein wesentliches Moment bedeutet (S. 12), bekommt bei dieser Lesart eine ganz neue Tragweite.

3.1 Das Ursprungsbegehren: Machtkampf um und gegen den Vater

Die Beziehungswirren zwischen Apollonius, Christiane und Fritz können nicht vollständig nachvollzogen werden, sofern die Rolle, die der alte Nettenmair darin spielt, nicht ausreichend gewürdigt wird. Erst vor dem Hintergrund des unumschränkten Herrschaftsanspruches des Vaters innerhalb der Familie nimmt die Entwicklung ihren Lauf, wohingegen die Rolle der Mutter sich nur als absolute Leerstelle wiederfindet, indem diese nicht einmal erwähnt wird. Dennoch oder gerade deswegen muss sie als konstitutiv für die Begehrensökonomie der Söhne betrachtet werden. Die unumstößliche Geltung des väterlichen Wortes zeigt sich schon in der Rückblende, als das ‚Nein des Vaters‘[87] Fritz aus wirtschaftlichen Gründen die Beziehung zu Beate untersagt und setzt sich bei der durch den Vater angeordneten Heirat zwischen Christiane und Fritz fort: „Des alten Herrn Soll war ein Muß, das wußte Apollonius so gut als der Bruder." (S. 21). Dass Fritz sich darauf versteht, den Willen des alten Mannes zu manipulieren, indem er ihm das Gefühl gibt, durch einen von dem Sohn insgeheim erwünschten Befehl einen in Wirklichkeit nicht vorhandenen Widerstand zu brechen (S. 17), steht dabei auf einem anderen Blatt. Das Wort des alten Herrn gilt und hat sogar die Macht, über Leben und Tod zu entscheiden:

> „Du betest jetzt ein Vaterunser, wenn du noch beten kannst. Dann wendest du dich, als wolltest du wieder zu deiner Arbeit gehen, und trittst mit dem rechten Fuß über die Rüstung. Sag' ich, der Schreck über seines Bruders Unglück hat ihn schwindeln gemacht: mir glauben's die Gerichte und die Stadt." (S. 144)

So lautet der Befehl des Vaters an den eigenen Sohn, nachdem der Verdacht auf Fritz gefallen ist, einen Mordanschlag auf seinen Bruder Apollonius verübt zu haben. Aus der Reaktion lässt sich ablesen, dass der Einfluss des alten Nettenmair noch immer ungebrochen ist, trotz der relativen Entmachtung, die zwischenzeitlich vonstatten ging:

> „»[…]Vater [...] hör mich doch nur! Die Gerichte hören einen, und du hörst mich nicht. Ich will mich ja hinunterstürzen, weil du mich tot haben willst, ich will sterben, wenngleich unschuldig. Aber höre mich nur erst!« Der alte Herr entgegnete nichts; er zählte fort. Der Elende sah, sein Urteil war gesprochen." (S. 145).

---

[87] „Name-des-Vaters (Nom-du-Père) [...] Schon zu Beginn spielte Lacan mit der Homophonie von le nom du père (der Name des Vaters) und le non du père (das »Nein« des Vaters), um die gesetzgebende und verbietende Funktion des symbolischen Vaters herauszustreichen. [...] Der Name-des-Vaters ist nun der fundamentale Signifikant, welcher [...] dem Subjekt Identität [verleiht] (er benennt es, positioniert es innerhalb der symbolischen Ordnung) und spricht das ödipale Verbot aus, das »Nein« des Inzesttabus. Wenn dieser Signifikant verworfen wird (nicht in die symbolische Ordnung eingeordnet ist), erwächst daraus die Psychose." Dylan Evans: Wörterbuch der Lacanschen Psychoanalyse. 1. Ausgabe, Wien 2002, S. 197.

Der väterliche Wille erscheint als unbeugsam und unbarmherzig, die Verteidigung ist zwecklos und so erscheint es wie eine offizielle Begnadigung, dass Fritz schließlich doch ‚nur' ins Exil nach Amerika verbannt wird – wiederum ohne Anhörung. „Fritz Nettenmair wankte. Eben noch hatte er dem unausweichlichen Tode in die Augen gesehen; nun sollte er leben!" (S. 148). Die Außendarstellung des Falles entspricht ganz dem altbekannten Gebaren des alten Nettenmairs; selbst wenn er die tatsächlichen Abläufe verschleiert, lässt er es sich nicht nehmen, ganz klar zum Ausdruck zu bringen, wer im Hause Nettenmair das Sagen hat: „Der Reise Fritz Nettenmairs gedachte er als eines lang von demselben gehegten, aber von ihm erst heute genehmigten Vorhabens." (S. 160). Bei all dem ist ihm das höchste Anliegen die Ehre, für ihn gleichbedeutend mit dem öffentlichen Ruf, seines Hauses und der Familie zu wahren, selbst wenn er dafür seinen ältesten Sohn opfern muss. Wie wichtig ihm der äußere Schein ist, zeigt sich auch in seinem Umgang mit seiner fortschreitenden Blindheit, die er zunächst versucht herunterzuspielen und, als dies nicht mehr möglich ist, vor den Augen der Leute, auch im engsten Familienkreis, zu verbergen. Seinen Verlust an Gestaltungsmöglichkeiten ist er bemüht auszugleichen, indem er sich sein eigenes Refugium schafft, in dem fortan seine Gesetze gelten, der Kern des Autoritätsanspruchs bleibt folglich erhalten: „Unumschränkt herrschend in dem kleinen grünen Reiche, in dem von nun an kein Warum mehr laut werden durfte, wo neben dem Gesetze der Natur nur noch ein einziges waltete, sein Wille [...]." (S. 22).

Die Machtposition des alten Nettenmair sowie die textliche Darstellung desselben weisen Parallelen mit dem Gott des Alten Testaments auf. Werner Hahl arbeitete heraus, dass der alte Nettenmair alttestamentarische Züge aufweise, während Apollonius an Christus erinnere. In seiner positiven Bewertung Apollonius' gilt ihm dies als Beleg für die Überlegenheit des moralischen Handelns auf Grundlage des eigenen Gewissens statt aufgrund der bloßen Befolgung eines von außen gegebenen Gesetzes, wie sie die Ordnung des alten Nettenmairs verkörpere[88]. Auch Heinz Wetzel spricht davon, dass der alte Nettenmair symbolisch den 'Gott der Hebräer' verkörpere[89]. Als Beleg dient ihm dafür die Befehlsgewalt des Vaters, aber auch der discours selbst:

---

[88] Hahl (wie Anm. 68), S. 235.
[89] Heinz Wetzel: Otto Ludwigs "Zwischen Himmel und Erde": Eine Säkulaisierung der christlichen Heilslehre. In: Orbis Litterarum 27 (1972), H. 2, S. 102–121, hier S. 103-105; 108-110.

„Der alte Herr im blauen Rock gab seine Befehle wie der Gott der Hebräer aus Wolken und mit der Stimme des Donners, er hätte seinem Ansehen etwas zu vergeben geglaubt durch Aussprechen seiner Gründe, er gab kein Warum, und seine Sohne wagten nicht, nach Warum zu fragen. Und selbst das Verkehrte mußte durchgeführt werden, war der Befehl einmal ausgesprochen." (S. 19).

In dieser Textstelle erkennt er „das übertriebene Ehrgefühl […], das unter allen Umständen die Erfüllung der Gebote verlangt, die von jeher gegolten haben, vor allem dasjenige absoluten Gehorsams, das an das erste der zehn Gebote erinnert."[90] In der bereits angesprochenen Auseinandersetzung zwischen Fritz und seinem Vater auf dem Kirchendach findet eine Parallelführung im Text selbst statt, die Fritz und Apollonius explizit mit Kain und Abel in Verbindung bringt, sogar einzelne Formulierungen der Genesis entlehnt. „Nach diesem Geschehen sind die zweifelhaften Beweggründe des Vaters zusammen mit seiner Vergleichbarkeit mit dem Gott des Alten Testaments deutlicher als zuvor, dazu aber auch seine Schwäche;"[91] Eine selbstkritische Einsicht des Vaters in diese Vorgänge fehlt. Er beharrt auf seinem Selbstbild und der Legitimität seines Herrschaftsanspruchs: „Der alte Herr war überzeugt, hätte er das Regiment behalten, es wäre alles anders gekommen. Hatte er doch, was Apollonius verdorben, noch zu dem besten Ende geführt, das möglich war." (S. 177).

Aus der zunehmenden Blindheit und altersbedingten Gebrechlichkeit des Vaters resultiert seine zunehmende Schwäche, die führt in Kombination mit seinem wortlosen Herrschaftsanspruch zum teils heimlichen, teils offenen Widerstand der Söhne, die eine nachfolgende Ordnung aufzubauen gedenken. Der Ansatz, den Vater einerseits zu imitieren, andererseits zu entmachten, ist bei beiden vorhanden, jedoch in unterschiedlicher Ausprägung. Der familieninterne Machtkampf gefährdet schließlich sogar das gesellschaftliche Ansehen und das wirtschaftliche Fortbestehen der gesamten Familie, indem er die anfangs befriedende Autorität des Vaters untergräbt. „Die (gegenseitige) Gewalt zerstört alles, was die (einmütige) Gewalt errichtet hatte."[92]

Der ältere Bruder greift die väterliche Ordnung in strategisch offensiver Weise an. Als Erstgeborener hätte er traditionell zu Recht die Hoffnung, den Familienbetrieb eines Tages von seinem Vater zu übernehmen. Doch trotz seines Altersleidens vertraut der alte Nettenmair seinem Sohn das Geschäft nicht an, mehr noch, er verhilft ihn nicht einmal zu der nötigen Ausbildung, die ihn dazu überhaupt erst befähigt hätte. Stattdessen leitet Fritz das Unternehmen gezwungenermaßen ohne die nötigen Vollmachten und Kenntnisse:

---

[90] Ebenda., S. 104.
[91] Ebenda., S. 109.
[92] Girard (wie Anm. 7), S. 211.

„Hatte gleich der Bruder das Geschäft bis jetzt geleitet und wurde er auch von den bedeutenden Leuten als Meister anerkannt und behandelt, er war es noch nicht. Der Alte hatte ihn so wenig Meister werden lassen, als ihm das Geschäft förmlich übergeben; er wollte sich, wo er es nötig fände, ein souveränes Einschreiten frei halten." (S. 44).

Fritz' Stellung als Nachfolger ist ungesichert und prekär, die Beziehung zwischen Vater und Sohn zeichnet sich von der einen Seite durch Misstrauen, von der anderen durch Verachtung und erzwungenen Gehorsam aus (S. 12). Die Konstellation, dass der jüngere Bruder als „Federchensucher" (S. 12) dem Vater ähnlicher ist, erkennt Fritz bereits zu Beginn und ahnt womöglich, dass Apollonius ihm noch gefährlich werden könnte, sodass er nicht zögert, ihn bei der nächsten Gelegenheit in die weite Ferne zu schicken. Der Nutzen, den Fritz zunächst davon trägt, ist doppelter Natur: privat und geschäftlich. Es gelingt ihm mithilfe seiner Menschenkenntnis, die er geschickt zu seinem Vorteil einzusetzen weiß, Vater und Bruder von der Richtigkeit dieser Entscheidung zu überzeugen, dass Apollonius beim Vetter in Köln lernen solle: „Fritz, der die Schwäche des Vaters kennt, nutzt sie aus: Wie Jakob den blinden Isaak, so betrügt er den Vater, um den Bruder von seinem Platz zu verdrängen."[93] Nebenbei bemerkt ist es ist ein raffinierter Schachzug im discours, dass Fritz aufgrund seiner List die Rolle Jakobs zugewiesen bekommt, obwohl er sich doch angesichts seiner Position als ältester Sohn und der Tatsache, dass letztlich Apollonius ihn von seinem Platz verdrängt, eigentlich die Rolle Esaus zukäme. In der im Zeitraffer dargestellten, nur brieflich vermittelten Zeit der Familiengründung und beruflichen Selbständigkeit Fritz' bedroht der Vater, der sich immer weiter zurückzieht und nicht einmal mehr Fragen zu stellen wagt, kaum noch Fritz' Stellung innerhalb der Familie. Fritz kann es sich leisten, eigenmächtig und selbstgewiss zu handeln, ohne den Vater weiter in die Geschäfte mit einzubeziehen. Die Bitte des Vaters um die Rückkehr des jüngsten Sohnes kann daher als ein Hilferuf gelten. Fritz bemüht sich, den Bruder nach dessen Rückkehr aus dem Betrieb herauszuhalten, was ihm nicht gelingt. Der Machtkampf verschiebt seinen Schwerpunkt demzufolge vom Vater auf den jüngeren Bruder, auf den sich dann auch wieder die Aufmerksamkeit konzentriert.

Im Vergleich zu seinem Bruder wirkt Apollonius bescheidener und angepasster auf seine Umgebung als Fritz, der auf dem Bau demonstrativ das Auftreten seines Vaters nach-ahmt, auch seinen ‚blauen Rock' trägt[94]. Nichtsdestotrotz untergräbt auch der jüngere Sohn den Führungsanspruch seines Vaters auf die ihm ganz eigene Weise. Der Loyalitätsverlust des

---

[93] Heinz Wetzel (wie Anm. 90), S. 104.
[94] „[Er], der schärfer auf dem Zeuge war, als selbst der im blauen Rock zu seiner Zeit gewesen." (S. 54).

Jüngeren zeigt sich zunächst auf gedanklicher Ebene. Es beginnt mit leichten Zweifeln, die bei ihm zunächst während seiner Lehrzeit in Köln auftauchen. Der Gegensatz zwischen der Alleinherrschaft des Vaters zu Hause und der gemeinschaftlichen, inhaltlich begründeten Entscheidungsfindung sowie die zielführende Arbeitspraxis bei seinem Vetter in Köln ist zu augenfällig, um ihn nicht nachdenklich zu stimmen (S. 18ff).

> „Apollonius aber respektiert den Vater und billigt ihm noch unbedingte Autorität zu. Obgleich er, durch den Aufenthalt in Köln aus seiner Weltabgewandtheit erweckt, die Fehlerhaftigkeit mancher Entscheidungen erkennen muß, zwingt er sich zu der Meinung, er könne nur deren Weisheit nicht einsehen." [95]

Umso stärker hinterlässt der Verfall des Vaters bei seiner Rückkehr einen tiefen Eindruck auf ihn (S. 33f), weshalb er für sich beschließt, den Vater zu schonen und unangenehme Nachrichten von ihm fern zu halten: „Der alte Herr durfte noch nichts wissen und, wenn seine Ehre aufrecht zu erhalten war, auch nicht erfahren, daß sie gewankt" [96]. Apollonius achtet den Vater zwar noch, betrachtet ihn aber nicht mehr als ebenbürtigen oder gar überlegenen Ansprechpartner, an den er sich im Notfall wenden könnte. Die Wahrnehmung des Vaters, der auch „Verachtung mit unter den Beweggründen vom Handeln des Sohnes" (S. 178) sieht, von seinem Jüngsten in diesem Punkt hintergangen worden zu sein, wird durch die Erzählinstanz jedoch als Ergebnis übertriebenen „Argwohn[s], den seine Hülflosigkeit ihn lehrt" gewertet: „Er sah hinter der vorgegebenen Schonung des Sohnes um so natürlicher Eigenmächtigkeit und die Lust, ein verdecktes Spiel zu spielen, als er ihn dabei nur an dem eigenen Maßstabe maß." (S. 177). Er sieht seine Stellung als Familienoberhaupt nun auch durch Apollonius bedroht, den er zunächst im Stillen als einen Verbündeten gegen Fritz willkommen geheißen hatte [97].

Den finalen Höhepunkt von Apollonius' Ungehorsam gegenüber dem Vater bildet zweifelsohne sein endgültiges ‚Nein' zur Hochzeit mit Christiane. Darin erfährt die Unterordnung der Söhne unter den Vater eine abschließende, negativierte Spiegelung: Waren zu Beginn die Reise Apollonius' und die Hochzeit Fritz' zumindest pro forma auf Entscheidungen des alten Nettenmairs begründet gewesen, widersetzen sich die beiden Söhne zum Schluss der Erzählung deutlich gegen die väterlichen Anordnungen: Fritz wählt den Tod, statt

---

[95] Ebenda., S. 105.
[96] Ludwig: *Zwischen Himmel und Erde*, S. 90.
[97] „So brauchte er doch nicht zu fürchten, der wird mit dem Bruder gemeine Sache gegen ihn machen! Ja, es erschien ein Etwas auf dem Antlitz, das sich zu schadenfreuen [!] schien über die Demütigung [!] des älteren. [...] Ja, er fühlte Stolz, daß sein Sohn [!] so tüchtig, Scham, daß er selber blind, Freude, daß Fritz [!] nun nicht mehr konnte, wie er wollte, daß die Ehre des Hauses einen Wächter mehr gewonnen, Furcht, die Tüchtigkeit, der er sich freute, mache ihn selbst überflüssig." (S. 44f).

die Reise nach Amerika anzutreten, Apollonius schlägt die Heirat mit Christiane kategorisch aus. Apollonius zieht seine eigenen Ehrvorstellungen denen des Vaters vor und ersetzt somit dessen Wertesystem durch sein eigenes[98]. Die "Verheißung metaphysischer Autonomie"[99] ist für Apollonius unter den Rahmenbedingungen des Narrativs zur Wirklichkeit geworden, indem er den Platz und den Habitus des Vaters – des ‚Gottes der Hebräer‘ – eingenommen hat und zugleich mit seinen eigenen Überzeugungen ausfüllt.

Beide Brüder, nicht nur der ungeliebte, rebellische Fritz greifen die väterliche Ordnung an und versuchen, sich die Nachfolge zu sichern. Augenfällig ist dabei, dass beide Brüder Eigenschaften des Vaters annehmen, Apollonius die vermeintlich positiven wie Gewissenhaftigkeit, Fleiß, Autorität etc., Fritz dafür die 'negativen' wie beispielsweise Geltungs- und Herrschsucht. Beide übertreiben die jeweiligen Charaktereigenschaften und steigern sie ins Extreme[100]. Der alte Nettenmair ist sich dieser Vorgänge bewusst und versucht Apollonius zunächst in seinem eigenen Interesse gegen den älteren Bruder auszuspielen. In dieser Hinsicht erkennt er nur Apollonius ausdrücklich als seinen Sohn an, während er in Fritz eine Gefahr erkennt und sich sogar über dessen Demütigung freut (S. 44f). Dass ihm die gefürchtete Entmachtung letztlich von Apollonius zugefügt wird, hatte er schon zu einem frühen Zeitpunkt vorausgeahnt, ohne es verhindern zu können.

Die zusehends wachsende Schwäche des Vaters begünstigt, dass sich der Konflikt nach und nach verlagert und zwangsläufig zu einem Konkurrenzkampf der Brüder untereinander entwickelt. Der alte Nettenmair entfällt als Garant der familiären Ordnung, sowohl was die traditionelle Rangfolge anbelangt, die Fritz begünstigen würde, als auch was die Begünstigung seines Lieblingssohnes Apollonius betrifft, dem er aufgrund seiner Hinfälligkeit ebenfalls keine Hilfe leisten kann. Jeder der Brüder kämpft mit seinen eigenen Mitteln, Fritz mithilfe seiner Manipulationskünste, Apollonius mithilfe seines Perfektionismus, wobei mal der eine, mal der andere die Oberhand gewinnt und dem anderen seine Spielregeln diktiert. Entscheidend ist der sprunghafte Wechsel zwischen Aktivität und Passivität der beiden Kontrahenten. Mit der Zuspitzung des Konflikts steigert sich auch die Wahl der Mittel, ohne dass es zu einer Annäherung der beiden Brüder käme. „Zwischen den tragischen Gegenspielern verschwindet also der Unterschied nie, er kehrt sich nur um. Im instabilen System, das

---

[98] „Der unbedingte Gehorsam verläßt ihn erst, als er später mit dem Gehorsam gegen ein anderes Gesetz kollidiert, das sich aus Apollonius' innerem Wesen ableitet und dessen Anspruch er in seinem Inneren fühlt." Heinz Wetzel (wie Anm. 90), S. 105.
[99] Girard (wie Anm. 6), S. 64.
[100] Vgl. McClain (wie Anm. 4), S. 64.

die *feindlichen Brüder* [Hervorhebung im Text] bilden, haben sie nie zur gleichen Zeit die gleiche Stellung inne."[101] Befindet sich in der Rückblende noch Fritz in der vorteilhafteren Position, die er weitestgehend bedenkenlos nutzt, um den gutgläubigen Bruder von zu Hause und von der Frau zu entfernen, kehrt sich die Situation nach Apollonius' Rückkehr um, da es diesem, trotz seines anscheinend guten Willens, gelingt, seinen Bruder durch seine reine Anwesenheit und Kompetenz in die Defensive zu drängen, aus der heraus Fritz sich zu immer schwerwiegenderen Fehlern hinreißen lässt. Die Gewaltphantasien beginnen bei Fritz, doch als er sich mit Apollonius auf dem Dach gegenübersteht vereint beide ein nicht länger unterdrückter Wunsch, den verfeindeten Bruder vom Dach zu stoßen, um Christiane für sich allein zu besitzen. Nur Apollonius geht aus diesem Kampf lebend hervor, doch selbst post mortem gelingt es Fritz noch einmal, seinen Bruder in seinen Handlungen zu kontrollieren, bis er sich schlussendlich von seinem Begehren befreit und in der Gewitternacht wieder Herr seiner Entscheidungen wird. Die beiden unterschiedlichen Charaktere entwickeln sich zu „zwei symmetrische[n] Zentren, die ungefähr gleichzeitig die gleichen Serien von Bildern ausstrahlen" – ein Phänomen, das René Girard als „monströse Doppelgänger" klassifiziert und das „auf dem Höhepunkt der Krise von der verkannten Reziprozität herbeigeführt" wird. „Der *monströse Doppelgänger* [Hervorhebung im Text] taucht dort auf, wo sich in den früheren Etappen, durch die schwankende Differenz voneinander getrennt, ein «Anderer» und ein «Ich» fanden"[102]. Dem entspricht auch John Pizers Befund in seiner Studie zu „Ego – Alter Ego": „The two sons personify the father's torn and tormented ego"[103]. Sie stehen in enger Beziehung zueinander, spiegeln sich gegenseitig, ohne sich je völlig zu gleichen.

Die Gewaltspirale, die durch das Auftauchen der rivalisierenden Doppelgänger ausgelöst wird, kann letztlich nur durch einen Sündenbock, ein rituelles Opfer, beendet werden, der jedoch in der Überzeugung der Beteiligten tatsächlich die Schuld für den Ausbruch der Gewalt trägt[104]. Dies geschieht ganz konkret durch den auf sein eigenes Fehlverhalten zurückgeführten Sturz des älteren Bruders, der für Apollonius zugleich als Rechtfertigung

---

[101] Girard (wie Anm. 7), S. 231.

[102] Ebenda, S. 242.

[103] Pizer (wie Anm. 4), S. 54.

[104] „Es sind Berichte von Sündenbockphänomenen, die einander alle ähneln und die alle, gemäß der einhellig geteilten Vorstellung ihrer Schöpfer, verklärt wurden. Denn diese Schöpfer sind keine anderen als die Verfolger, die sich von ihrem Irrtum - der das Opfer das Leben kostete - nie zu lösen vermochten. [...] Die Mythen lügen nicht. Wenn sie ihrem Opfer eine reale Schuld zuweisen, so tun sie dies in gutem Glauben." René Girard: Die verkannte Stimme des Realen. Eine Theorie archaischer und moderner Mythen. Edition Akzente, München, Wien 2005, S. 11.

dient, die Ehe mit Christiane nicht vollziehen zu können – ein Vorgang, welcher textlich als Sühnehandlung akzentuiert wird.

Das Ende des Gewaltexzesses ändert nichts daran, dass der Führungsanspruch des Vaters schrittweise, nicht zuletzt mit dem Abbruch der gegenseitigen beziehungsweise einseitigen Verständigung, verloren gegangen ist.

> „Hatte Herr Nettenmair früher donnernd wie der Gott aus den Wolken seine Befehle gegeben, so daß eine Kommunikation bestand, wenngleich sie nur in eine Richtung ging, so dient ihm jetzt die Wolke nur noch dazu, sich darin zu verbergen.“[105]

Am Ende bleibt „nur noch [ein] auf Äußerlichkeiten gegründete[s] Autoritätsverhältnis[]“[106], das aber immerhin eine Kontinuität in der Form gewährleistet: „Das Gärtchen wird in so genauer Ordnung gehalten wie zuvor, und den blauen Rock trägt nun Apollonius.“[107] Der jüngere Sohn hat den Machtkampf mit dem eigentlich rechtmäßigen Erben für sich entschieden und ist erfolgreich an die Stelle des Vaters nachgerückt. Der Wermutstropfen, dass die jungen Männer, die den Familienbetrieb übernehmen zwar seine geistigen, nicht aber seine leiblichen Söhne sondern nur seine Neffen sind, bleibt im Text unerwähnt.

Der Vater, der zu Beginn das familiäre Zusammenleben unumschränkt herrschend bestimmt hat, wird durch den Nachfolgekampf der Söhne entmachtet und in ‚dynastischer‘ Hinsicht von seinem älteren, in geistiger Hinsicht von seinem jüngeren Sohn beerbt. Bis es soweit kommt, rückt die Rivalität der Brüder in das Zentrum des Geschehens. Beide kämpfen mit unterschiedlichen Strategien und unterschiedlichem Antrieb um die Vorherrschaft, indem sie Christiane zum stellvertretenden Objekt des Begehrens erheben, um das sie die Auseinandersetzung führen.

3.2 Das Dreieck des stellvertretenden Begehrens

Weil die Auseinandersetzung der Brüder um die Gunst beziehungsweise um die Nachfolge des Vaters nicht unmittelbar Wege gelöst werden kann, entsteht ein trianguläres Begehren, in dem die beiden Konkurrenten dieselben bleiben, das Objekt des Begehrens aber ersetzt wird. Das am Vater orientierte Begehren erfährt somit eine Spiegelung im Begehren nach Christiane und offenbart dadurch die zentrale Bedeutung der brüderlichen Rivalität, welche die Bedeutung der Objektwahl noch übersteigt. Obwohl sich die Protagonisten des Begehrens in

---

[105] Heinz Wetzel (wie Anm. 90), S. 108.
[106] Ebenda., S. 110.
[107] Ebenda., S. 115.

der gleichen Dreiecksstruktur bewegen, ist die zugrundeliegende Ökonomie für jede der beteiligten Parteien eigener Art. Fritz bekämpft den Vater, dem heterosexuellen ödipalen Konflikt entsprechend, in der Rolle des Rivalen und verschiebt sein ursprüngliches Begehren nach der mutmaßlich verstorbenen Mutter zunächst auf Beate, dann auf Christiane. Apollonius hingegen hat den Vater, dem homosexuellen ödipalen Konflikt entsprechend, an die Stelle des Liebesobjekts verschoben, während die Rolle des Gegenspielers anstelle der abwesenden Mutter von Fritz, dem Erstgeborenen ausgefüllt wird. Diese Konstellation kann aufgrund gesellschaftlicher Normen nicht eingestanden werden und so kommt es zur Internalisierung des Liebesobjekts, wie sie nach Freud für den Melancholiker kennzeichnend ist. „Die begehrte Frau wäre somit beides: verschobenes Objekt der inzestuösen Liebeswahl und kultivierte Verleugnung der homosexuellen Liebeswahl."[108] In diesem Zusammenhang gewinnt auch die Charakterisierung Apollonius' als ‚Träumer' eine ganz andere Tragweite.

Ob und wieweit das ödipale Dreieck für Christiane relevant ist, lässt sich nur mittels weniger Textstellen erörtern. Einerseits weist sie eine starke, identifizierende Bindung zu ihrer toten Mutter auf (S. 81), andererseits war es ihr Vater, der die Ehe mit Fritz befohlen und sie damit aus seiner Nähe fortgeschickt hat (S. 156). Auch hier lässt sich somit eine Grundlage für ihre spätere Begehrensstruktur in der Beziehung zu ihren Eltern finden. In Abhängigkeit von den verschiedenen Begehrensökonomien ist der Antrieb für Fritz' Begehren Rache und Gewalt, Apollonius wird von einer passiven Aggressivität gesteuert, die vorwiegend in seiner rechtschaffenen Art zum Ausdruck kommt und sein verdrängtes Begehren verbergen soll, wohingegen für Christiane der Leidenswunsch des moralischen Masochismus im Vordergrund steht.

3.2.1 Fritz' Begehren als Rache

Der wesentliche Antrieb für Fritz' Begehren ist Wut. Er neidet seinem Bruder die Position des Lieblingssohnes und versucht, ihm mittels des stellvertretenden Begehrens seinen Status streitig zu machen. Die Schnittstelle der innerfamiliären Auseinandersetzungen, die zugleich Motor der weiteren Entwicklung ist, offenbart sich in der doppelten Rückblende. Die Unterhaltung der Brüder beim Schützenfest ist die Schlüsselszene, in der bereits der Keim für das trianguläre Begehren gelegt wird und in welcher der Anlass für Fritz' Betrug am Bruder kurz gestreift wird, ohne von den Protagonisten erkannt zu werden: Es ist das väterliche Verbot der

---

[108] Andreas Kraß (wie Anm. 6), S. 228 f.

Beziehung von Fritz und Beate, welches den Unfrieden auslöst und damit eine letztlich tödliche Dynamik in Gang setzt. In seinem gescheiterten Begehren erfährt Fritz zugleich eine unverständliche Zurückweisung seitens des Vaters, die ihn aufgrund der fehlenden Begründung orientierungslos zurücklässt: „Ja, hast du je gehört, daß der im blauen Rock ein Warum hervorgebracht hätte? Und hast du ihn je gefragt: ›Warum denn aber, Vater?‹ Ich möchte sein Gesicht sehen, fragte ich einer von uns: ›Warum?‹" (S. 12). Diese typische Erfahrung des Heranwachsenden, dass sich das Versprechen der Selbständigkeit und der Möglichkeit, schließlich den Vater in seiner Position zu beerben, sich (noch) nicht erfüllt, führt bei Fritz zu Frustration einerseits und Neid auf den Bruder andererseits: „Die Verheißung bleibt wahr für die Anderen. Jeder glaubt sich als einziger vom göttlichen Erbe ausgeschlossen und bemüht sich, diese Verdammnis zu verbergen."[109]. Fritz verbirgt diese ‚Verdammnis' nicht direkt, versucht aber, seine Gefühle durch forsches Auftreten und Alkoholkonsum zu überdecken, um im Umgang mit der Enttäuschung einigermaßen souverän zu wirken. Die Übertragung, dass er mit seinem Bruder in der gleichen Situation gefangen ist, sich (vorerst) nicht von dem Gesetz des Vaters freimachen zu können, gelingt ihm nicht.

Voller unterdrückter Wut, der er keine Richtung zu geben vermag, weil er es mit einem übermächtigen Gegner zu tun hat und immer noch dem Begehren verhaftet, welches das kategorische Nein des Vaters nicht von ihm nehmen konnte, befindet sich Fritz in einer misslichen Lage. Er kann seinem ursprünglichen Begehren nicht weiter nachgehen, ohne Strafe oder gar die endgültige Trennung vom Vater fürchten zu müssen, zugleich besteht der Wunsch nach einer erfüllteren Daseinsform noch immer in ihm:

> „Er begehrt das Sein - jenes Sein, das ihm seinem Gefühl nach fehlt und von dem ihm scheint, ein anderer besitze es. Das Subjekt erwarte von diesem anderen, daß er ihm sagt, was gewünscht werden muß, um dieses Sein zu erlangen."[110]

In dieser Situation wird Apollonius für Fritz zum Modell, als der ältere beim jüngeren Bruder die Ähnlichkeit zum Vater entdeckt. Während mit letzterem jedwede Kommunikation unmöglich erscheint, ist der Bruder in Reichweite und scheint zudem über das zu verfügen, was ihm selbst fehlt, so dass der andere sich zu einem wichtigen Bezugspunkt entwickelt. Dieser Vorgang spielt sich ab, ohne dass Fritz sich dessen bewusst wäre oder ihn reflektierte und manifestiert sich am Offensichtlichsten in Eifersucht und Ablehnung. Zunächst versucht Fritz noch, die entstandene Leerstelle des Begehrens in beliebiger Weise anderweitig auszu-

---

[109] Girard (wie Anm. 6), S. 65.
[110] Girard (wie Anm. 7), S. 215.

füllen. „[I]ch muß sehn, wie ich sie vergesse. Ich muß trinken oder mir eine andere anschaffen" (S. 12). In diesem Moment befindet sich sein Begehren ohne ein klares Ziel in der Schwebe. Weil das Einschreiten des alten Nettenmairs keine ausdrückliche Begründung oder richtungsweisende Angabe geliefert hat, sucht Fritz anderweitig nach Orientierung. "Das Bewusstsein wendet sich vom göttlichen Mittler nur ab, um dem menschlichen Mittler zu verfallen."[111] Noch völlig gefangen in seiner ausweglosen Lage, bemerkt Fritz erstmalig die Ähnlichkeit des Bruders, der im Vergleich zu ihm eine größere Nähe zum Vater aufweist. Er erkennt charakterliche Übereinstimmungen zwischen den beiden und vermutet, dass für Apollonius die ‚Verheißung' des ‚göttlichen Erbes' noch gilt: „Und - nun, du bist ja auch ein Federchensucher wie der im blauen Rock" (S. 12) bemerkt Fritz. Gerade diese Eigenschaft des jüngeren Bruders ist es, die den älteren im späteren Verlauf immer weiter gegen ihn aufbringt und die unzählige Male im Text aufgerufen wird: „Kommt [Fritz] der Gedanke seiner Verdorbenheit, dann hat er einen Grund mehr, den Federchensucher zu hassen[…]."(S. 94). Der Ausdruck ‚Federchensucher' fasst für Fritz im Folgenden all das zusammen, was er an Apollonius hasst und fürchtet. Seine größte Sorge besteht darin, dass dieser ihm seine Stellung als Nachfolger streitig machen, Christiane schließlich doch für sich gewinnen und die Leitung des Familienbetriebes übernehmen könnte. Diese Angst plagt ihn so sehr, dass er hinter jeder Eigenheit von Apollonius Verrat wittert und zunehmend sein gespreiztes Überlegenheitsgefühl verliert:

> „»Rechtschaffenheit? Geschäftskenntnis, wie der Alltagsratsbaukerl sagt? Ich weiß, warum du dich aufdringst und einnistest, du Federchensucher! du Staubwischer! Tu' unschuldig, wie du willst, ich -« Er machte die Gebärde, die hieß: »Ich [!] bin einer, der das Leben kennt und die Art, die lange Haare und Schürzen trägt!« Damit wandte er sich nach der Tür, aber die Wendung war nicht jovial wie sonst."(S. 47).

Der ursprüngliche Hass auf den Vater, welcher ihn in seinen Entwicklungsmöglichkeiten und Wünschen, kurzum in seiner Selbstverwirklichung, begrenzt, überträgt sich auf den jüngeren Bruder, der ihn in eben dieser Hinsicht zu überrunden droht. Dieser bietet die ideale Projektionsfläche für seine aufgrund des frustrierten Begehrens aufgestaute Wut. Die Aggression gegen den Vater wird fortan in Richtung des Bruders kanalisiert, der dessen Ebenbild zu sein scheint. Die ursprüngliche Rache an dem alten Nettenmair wird im Kontext der Gefühlsbewältigung unbewusst so eng mit der Person Apollonius' verknüpft, dass allein dessen Sterben Fritz letzten Endes schon wie Gerechtigkeit erschiene. Der Tod seines Bruders würde ihn für

---

[111] Girard (wie Anm. 6), S. 66.

alles ihm widerfahrene Leid entschädigen, insbesondere für die ihm vom Vater zugefügte Demütigung, Beate aufgeben zu müssen:

> „Es war ein Kinderspiel, das Sterben, gegen solch ein Leben. Es war - denn auch er [Apollonius] war tot. [...] Und er wär' an ihr gerächt, an ihr hier mit dem teuflischen Engelslächeln; und er wär an dem Vater gerächt, der ihn von Beaten riß, von seinem guten Engel." (S. 166).

Dieser Gedankengang ist entlarvend, weil er in voller Klarheit zeigt, dass nicht die Rivalität um Christiane, sondern die viel ältere Zuneigung zu Beate der Antrieb seiner Taten ist. Gerade weil Fritz in dem Bruder einen ernstzunehmenden Konkurrenten um die Nachfolge erkennt, verdoppelt sich die Bedeutung Apollonius': Vordergründig erscheint er als Gegenspieler, insgeheim fungiert er als Vorbild.

> "Der Akteur wendet sich leidenschaftlich jenem *Anderen*[112] [Hervorhebung im Text] zu, dem das göttliche Erbe scheinbar zuteil geworden ist. Der Glaube des Nachahmenden ist so stark, daß er sich stets kurz davor wähnt, dem Mittler das wunderbare Geheimnis zu entreißen."[113]

Ohne es zu ahnen, gibt Apollonius dem ziellosen Begehren von Fritz eine neue Richtung, indem er ihm „das begehrenswerteste Objekt nicht durch Worte, sondern durch seinen eigenen Wunsch an[zeigt]"[114]. Denn nachdem sein älterer Bruder ihm seinen Liebeskummer offenbart hat, beginnt Apollonius ganz in seine eigenen Gedanken versunken Fritz gegenüber von seiner eigenen Schwärmerei zu dem „Mädchen [...], das vorhin sich Kühlung zugeweht" (S. 13) zu sprechen:

> „Apollonius [...] vergaß den Bruder so, daß er zuletzt eigentlich mit sich selbst sprach. Der Bruder schien all das Schöne und Gute an ihr, das der Held in unbewußter Beredsamkeit pries, erst wahrzunehmen. Er stimmte immer lebhafter bei, bis er in ein wildes Lachen ausbrach[...]." (S. 13).

Apollonius selbst lenkt Fritz' Aufmerksamkeit auf die Angebetete. Somit ist die Konkurrenzsituation kein zufälliges Ergebnis deckungsgleicher Wunschvorstellungen, sondern entsteht dadurch, dass der Gegenspieler etwas als begehrenswert einstuft[115]. Es ist im Wesentlichen „die Stellung des Rivalen innerhalb des Systems"[116], die Christiane für Fritz attraktiv macht und die Hoffnung weckt, das eigene unerfüllte Begehren befriedigen zu können. Der Nebenbuhler wird für das Subjekt zum eigentlichen Maßstab. Dies erstaunt, sofern man bedenkt, welchen Wert gerade Fritz darauf legt, sich äußerlich von Apollonius abzuheben und seine

---

[112] Die Übersetzung Girards und die Schreibweise Lacans/Žižeks könnten zu Missverständnissen führen. In der Lacanschen Psychoanalyse bezöge sich diese Aussage auf den kleinen anderen.
[113] Girard (wie Anm. 6), S. 66.
[114] Girard (wie Anm. 7), S. 215.
[115] Vgl. Ebenda., S. 214.
[116] Ebenda.

vermeintliche Überlegenheit dem ‚Träumer' und ‚Federchensucher' gegenüber herauszustellen. Doch es ist nicht die äußere Erscheinung, die Verhaltensweise oder gar die Weltanschauung, welche den Mittler zum Modell des Subjekts werden lässt, entscheidend ist einzig und allein die Annahme, der Wunsch des zum Modell genommenen Rivalen zeige an, wie eine wirkliche Befriedigung des ungestillten Begehrens zu erlangen wäre. Fritz' „Mimetik" als „die zum Prinzip erhobene mimesis"[117] gründet sich auf der vermeintlich größeren Nähe Apollonius' zum ‚göttlichen Sein', zum Vater, woran Fritz als nachahmendes Subjekt teilzuhaben hofft, indem er ihm das Objekt seines Begehrens streitig macht.

Aus dieser Vermittlungssituation ergibt sich die tödliche Rivalität der Brüder untereinander. In seinem Buch „Figuren des Begehrens"[118] unterscheidet Girard in Abhängigkeit von den ‚Möglichkeitssphären' der Beteiligten interne und externe Vermittlung. Ob eine friedliche Koexistenz und gleichzeitige Verwirklichung des beidseitigen Wunsches möglich ist, hängt eben von dem Maß der Distanz und der Frage, wie stark sich die Interessen des Subjekts und des Mittlers bezüglich eines konkreten Objektes des Begehrens überschneiden, ab[119]. Der externe Mittler ist unerreichbar und steht nicht in Konkurrenz zum Begehren des Subjekts, der interne Mittler hingegen könnte die Wunscherfüllung des Subjekts vereiteln.

Allerdings ist in dieser Hinsicht nicht die räumliche Entfernung entscheidend, auch wenn sie von Belang sein kann, sondern eine Distanz „geistiger Natur"[120]. Im Falle der beiden Brüder erweist sich diese geistige Distanz als äußerst gering. Sie stellt den Spezialfall nicht nur der internen, sondern sogar endogamen, familieninternen Rivalität dar, was die Möglichkeit größtmöglicher Nähe und gleichzeitig auch tiefster Abgründe mit sich bringt[121]. Die zwischenzeitliche Abwesenheit von Apollonius schwächt die konkreten Auswirkungen des Konflikts ab, nimmt ihm aber nichts von seiner Stärke. Mit der räumlichen Wiederannäherung gewinnt die Auseinandersetzung erneut an Brisanz, selbst wenn der ursprüngliche Mittler sich dessen nicht bewusst ist. „Das Ressentiment, das einer für den anderen hegt, nimmt folglich unablässig zu."[122] Die Verachtung, welche dem Mittler entgegenschlägt, entspringt erstaunlicherweise dem Selbsthass des Subjekts und der heimlichen Überzeugung, dem Rivalen

---

[117] Ebenda., S. 215.
[118] Girard (wie Anm. 6).
[119] "Die Romanwerke lassen sich also in zwei Grundkategorien einteilen, innerhalb deren unbegrenzt weitere Unterscheidungen möglich sind. Im folgenden werden wir immer dann von externer Vermittlung sprechen, wenn die Distanz so groß ist, daß den beiden Möglichkeitssphären, die einmal den Mittler, einmal das Subjekt zum Zentrum haben, sich nicht berühren. Von interner Vermittlung werden wir dann sprechen, wenn eben diese Distanz so gering ist, daß sich die beiden Sphären mehr oder weniger überschneiden." Ebenda., S. 18.
[120] Ebenda.
[121] Ebenda., S. 50.
[122] Ebenda., S. 48.

unterlegen zu sein: "Nur wer uns daran hindert, ein Begehren zu befriedigen, daß er selbst in uns geweckt hat, ist wirklich Objekt des Hasses. Wer haßt, haßt in erster Linie sich selbst, und zwar wegen der im eigenen Haß verborgenen Bewunderung."[123] Apollonius hindert Fritz schon durch seine bloße Anwesenheit daran, sein Begehren als erfüllt zu betrachten. Die Gegenwart des Bruders mahnt beständig an die wenig tragfähige Grundlage der Lüge, auf der die Ehe mit Christiane steht. Innerlich weiß Fritz um die Zerbrechlichkeit seines kleinbürgerlichen Familienglücks und muss daher beständig versuchen, das Erreichte zu sichern. Folglich stellen die eigenen Schuldgefühle eine wesentliche Quelle seines Hasses auf Apollonius dar. Er fürchtet den Moment, in dem die Wahrheit ans Licht kommen könnte, doch gleichzeitig scheint es ein innerer Zwang, den anderen Hinweise zu geben, die ihn letztlich als Betrüger überführen müssen. „Er ist dem Gespenste seiner Schuld verfallen, dem Gedanken der Vergeltung, der ihn unwiderstehlich treibt, das zu schaffen, was er verhindern will." (S. 81). Hierin offenbart sich der Trieb als Gegenspieler des Begehrens. Mit den Worten Žižeks:

> „Drive, by contrast, wants what we do not want but always get anyway. If the dynamic of desire is marked by variation [...] that of drive is repetition. It is in mindless repetition that we experience jouissance as that which we struggle to resist but cannot not enjoy."[124]

Anders als das Begehren, das die Vermittlung durch den anderen benötigt, entstammt der Trieb dem Subjekt selbst und pflanzt sich hartnäckig fort. Der Trieb „functions as a programmed automaton"[125], der sein Ziel unbeirrbar bis zum bitteren Ende verfolgt, ungeachtet der möglicherweise bitteren Konsequenzen. Žižek zufolge liegt der Sinn des Triebes nicht darin, das vermeintlich angestrebte Ziel zu erreichen, sondern darin, sich, ähnlich dem Begehren, selbst zu reproduzieren: „The real source of enjoyment is the repetitive movement of this closed circuit."[126] Folglich gesteht Fritz seine Schuld nicht direkt ein, kann aber auch nicht umhin, sich in vielen kleinen Situationen durch unachtsames Reden immer wieder selbst zu verraten, bis Christiane und Apollonius ihm schließlich auf die Schliche kommen. Ähnlich triebhaft gestalten sich sein Alkoholkonsum, seine zunehmende Vernachlässigung der Buchhaltung und des Handwerks sowie seine Aggressivität seiner Frau gegenüber – alles Verhaltensweisen, die ihn immer weiter von Christiane entfernen, ohne dass er willentlich darauf Einfluss nehmen könnte.

---

[123] Ebenda., S. 20.
[124] Robert Buch: The pathos of the real. On the aesthetics of violence in the twentieth century, Baltimore, Md 2010, S. 12–13.
[125] Žižek (wie Anm. 36), S. 22.
[126] Ebenda., S. 5.

Um sich seinem Bruder dennoch überlegen fühlen zu können, zieht Fritz die akkurate Art seines Bruders ins Lächerliche und versucht, eigene Unterlegenheitsgefühle durch den Habitus des Jovialen zu überspielen. Äußerlich verachtet er den Mittler und alles, was mit ihm in Zusammenhang steht, doch insgeheim begehrt er es[127]. Angesichts der heftigen Abwehrreaktionen könnte man an der Mimetik der internen Vermittlung zweifeln, doch ist die Nachahmung „nicht weniger strikt und vorbildgetreu als in der externen Vermittlung. Diese Einsicht ist nur deshalb überraschend, weil der Akteur der internen Vermittlung sich seiner Nachahmung keineswegs rühmt, diese vielmehr sorgfältig vertuscht."[128]. Nachvollziehbar wird dies, wenn man bedenkt, worauf Fritz sein Selbstwertgefühl aufbaut. Er selbst bezeichnet sich als jemand, ‚der die Welt kennt'(S. 54), obgleich er anders als sein Bruder nie aus seinem Heimatort herausgekommen ist. In einem verzweifelten rhetorischen Schachzug billigt er Apollonius dieses Attribut, das einem Ehrentitel gleichkommt, sogar einmal wortwörtlich zu (S. 72f). Stolz ist er auf seinen Tanzstil, kann aber nicht umhin, neidisch zu erkennen, dass sein Bruder noch weit mehr Aufsehen auf der Tanzfläche erregt. Vor allem legt Fritz Wert darauf, als Autorität anerkannt zu werden und muss feststellen, dass seine Methoden ihm keineswegs den gleichen Erfolg bescheren wie Apollonius seine ruhige, sachliche Art. In all diesen Punkten wetteifert Fritz mit seinem Bruder, zusätzlich zum rivalisierenden Werben um Christiane. An dieser Stelle zeigt sich auch, wie sehr der Konkurrenzkampf der Ausbildung und Wahrung des eigenen Selbstbildes dient und damit noch über den Gegner hinausweist.

Der Rivalität, die das stellvertretende Begehren in Gang setzt, liegt die Problematik der Identitätsbildung zugrunde. Der eigentliche Machtkampf beginnt, indem Fritz sich in einer verschleierten Vorankündigung das Recht sichert, als Einziger seinem Bruder 'in die Quere zu kommen'. In gewissem Sinne wird er auch zu dessen Gesandtem, denn immerhin hat Apollonius Fritz durch sein unbedachtes Schwärmen sein Begehren injiziert. Verdeckt bereitet der ältere der beiden Brüder den jüngeren darauf vor, dass er ihm die Frau streitig machen wird: „Wart, ich will dein Gesandter sein. Von nun soll sie keinen Reigen tanzen als mit mir, damit kein anderer dir in die Quere kommt. Ich weiß mit den Mädels umzugehen. Lass' mich machen für dich." (S. 13). Liest man diese Aussage mit dem Wissen um Fritz' weiteres Vorgehen, wird bereits hier deutlich, dass es Fritz eben nicht darum geht, für Apollonius zu werben, sondern vielmehr an dessen Stelle zu treten. Er kündigt dies sogar mit einer gewissen hinterhältigen, da zweideutigen Aufrichtigkeit an. Doch trotz seines raschen Erfolges stellt

---

[127] Vgl. Girard (wie Anm. 6), S. 20.
[128] Ebenda., S. 19.

sich die gewünschte Zufriedenheit nicht ein. Im weiteren Verlauf entwickeln sich aus der noch immer als bedrohlich wahrgenommenen Rivalität sadistische Gedanken und Mordphantasien, vor denen es kein Entkommen gibt, denn „[i]m Anderen verurteilt das Subjekt, ohne es zu wissen, stets das eigene Begehren."[129] Die mangelnde Einsicht in die tatsächlichen Vorgänge verstärkt zusätzlich den Hass auf den Bruder, welcher als Einziger der Erfüllung seiner Wünsche im Weg zu stehen scheint. „Nichts trennt ihn von der Gottheit, nichts - außer der Mittler selbst, dessen rivalisierendes Begehren zum Hindernis des eigenen wird."[130] Die Dynamik verselbständigt sich und Fritz identifiziert Apollonius losgelöst vom ursprünglichen Kontext in zunehmendem Maße mit seinen zahlreichen Problemen, so dass der Mittler letztlich metonymisch für die entstandenen Schwierigkeiten steht: „Er hat sich so sehr daran gewöhnt, alles, was ihn drückt, mit seinem Bruder zusammenzudenken, daß er es mit ihm in *ein* [Hervorhebung im Text] Grab steigen sieht." (S. 106).

Die Wichtigkeit von Christianes Person erweist sich in dieser Dreieckskonstellation als äußerst gering. Ohne dass Fritz sich dessen tatsächlich bewusst wäre, ist ihre Bedeutung für Fritz lediglich funktionaler Art, um Apollonius als den Mittler zu erreichen, beziehungsweise zu verdrängen. Bezüglich des triangulären Begehrens arbeitet René Girard heraus, dass es in der Dreiecksbeziehung weniger um das umkämpfte Objekt des Begehrens geht, als um die Beziehung der Rivalen zueinander. In Girards Theorie zum mimetischen Begehren spielt das umkämpfte Objekt auch gegenüber der immanenten Gewalt, welche sich in der Auseinandersetzung der Rivalen manifestiert, nur noch eine untergeordnete Rolle:

> „[E]s ist nicht mehr der wahre Wert des Objekts, der den Konflikt dadurch herbeiführt, daß rivalisierende Begehrlichkeiten geweckt werden, sondern die Gewalt selbst wertet die Objekte auf, erfindet Vorwände, um sich noch stärker zu entfesseln."[131]

Beide Ansätze vereint, dass eine tieferliegende Sehnsucht nach der Teilhabe am Göttlichen zur alles entscheidenden Rivalität führt, in der sich die ursprüngliche Auseinandersetzung in einer sekundären Auseinandersetzung um ein umkämpftes Objekt spiegelt. In diesem Zusammenhang bietet Žižeks Erläuterung zum Begriff des Begehrens des Anderen eine wertvolle Ergänzung. Das Begehren verweist immer auf sich selbst und kann auch durch Befriedigung der Wünsche letztlich nicht gestillt werden: "[T]he realization of desire does not consist in its being "fulfilled," fully satisfied," it coincides rather with the reproduction of desire as

---

[129] Ebenda., S. 81.
[130] Ebenda., S. 66.
[131] Girard (wie Anm. 7), S. 212.

such, with its circular movement." [132] Die erhoffte Zufriedenheit stellt sich in der Regel nicht zugleich mit der Erfüllung des Wunsches ein, weil das Objekt des Begehrens nicht mit der Ursache des Begehrens übereinstimmt. In *Zwischen Himmel und Erde* ist die Rivalität die Ursache des Begehrens, welche dem Objekt Bedeutung verleiht. Dieser Mechanismus kann aus der Innenperspektive nicht erkannt werden: "Wie alle Opfer der internen Vermittlung überzeugt auch der Eifersüchtige sich selbst ohne weiteres davon, sein Begehren sei spontan, sei also im Objekt und in diesem allein verwurzelt."[133] Der Irrtum ist strukturell begründet, wie Žižek hervorhebt, denn die Faszination, die von dem Objekt ausgeht, resultiert aus der Position, die es einnimmt: „Although any object can function as the object-cause of desire […] we must, by structural necessity, fall prey to the illusion that the power of fascination belongs to the object as such."[134] Genau dieser Täuschung fällt Fritz anheim. Je gefährlicher die Anwesenheit Apollonius' seiner Ehe mit Christiane wird, desto mehr glaubt er, sein Begehren entspränge einzig der Schönheit seiner Frau:

> „Je näher er drohen sah, was kommen mußte, desto wilder wurde seine Liebe oder auch sein Haß, denn beide waren beisammen in dem Gefühl, das sie immer glühender ihm einflößte. Desto gelehriger lernten seine Augen jeden kleinsten Reiz ihrer Gestalt, desto schmerzender stach diese Schönheit durch seine Augen in sein Herz. Diese verruchte Schönheit, die die Ursache all seines Elends war; diese fluchvolle Schönheit, um derentwillen der eigene Bruder ihn aus Schuppen und Haus verdrängt und der Verach-tung der Welt und des Weibes selbst preisgegeben!" (S. 120).

Tatsächlich ist es jedoch nur die Gefahr, sie an Apollonius zu verlieren, dem Rivalen gegen-über also zu unterliegen, die ihn lehrt, sie zu schätzen. "Mit dem Näherrücken des Mittlers nimmt dessen Rolle zu und jene des Objekts ab."[135] Und in der Tat kreisen die Gedanken von Fritz weitaus mehr um seinen Bruder, als um seine Ehefrau, denn "[d]as Objekt ist nur ein Mittel, um den Mittler zu erreichen. Eigentlich zielt das Begehren auf das Wesen des Mittlers ab."[136]. Apollonius ist es, dem seine letzten mit dem Gesellen gewechselten Worte gelten und Apollonius allein ist es, zu dem er zurückkehrt, nachdem er seine Auswanderung heimlich unterbricht, um ihn in den Tod zu stoßen oder von ihm getötet zu werden.

> „Es gibt nicht mehr viel auf der Welt, woran Fritz Nettenmair hängt. [...] An seiner Frau hängt er nur noch durch die glühende Kette der Eifersucht gefesselt. An dem Vater hat er nie gehangen; den Bruder haßt er." (S. 103f).

---

[132] Žižek (wie Anm. 36), S. 7.
[133] Girard (wie Anm. 6), S. 21.
[134] Žižek (wie Anm. 36), S. 33.
[135] Girard (wie Anm. 6), S. 52.
[136] Ebenda., S. 61.

Der Haß erweist sich als stärker, als alle vorgebliche Leidenschaft für Christiane. Wie sehr seine Aufmerksamkeit zu Christiane von der Zuneigung seines Bruders zu ihr abhängig ist, hat sich bereits bei der ersten Begegnung gezeigt, es erweist sich bei der Erwartung des Rückkehrers Apollonius, als Fritz in schwarzer (Trauer-?)Kleidung voller eifersüchtiger Erwartung seine junge Frau bewacht. Bestünde nicht die Sorge, sie könnte ihm genommen werden, beachtete er sie vermutlich kaum, unter den gegebenen Umständen aber ‚belauert‘ er sie: „Er hätte Zeit genug zu sehen, wie schön sie ist, wie anmutig ihr das zerstreute Wesen ansteht - und es kleidet sie weit besser als ihn. Zuweilen scheint er es auch zu sehen, aber dann ist es, als wär' es ihm keine Freude." (S. 26). Die Verlustangst, die Furcht, die mit List und Betrug gewonnene Ehefrau an seinen jüngeren Bruder zu verlieren, der es erst war, der ihm gezeigt hat, wen er zu begehren habe, vertieft sein Begehren, dass in den verstrichenen Jahren der Ehe nur „oberflächlich" und „jovial" gewesen ist und bisher eher ihm selbst galt; „ihre Seelen wußten nichts voneinander" (S. 72). Und so, wie es Apollonius war, der sein Begehren erst entfacht hat, ist es nun wieder der Einfluss des Bruders, der ihm zeigt, wie viel mehr noch zu begehren gewesen wäre, sofern er seiner Frau mehr Aufmerksamkeit geschenkt hätte: „Er fühlt erst, was er besaß, ohne es zu haben, nun es einem andern gehört. [...] Welch niegeahnter Himmel öffnet sich da, wo er sonst Genüge hatte, sein eigen Spiegelbild zu finden." (S. 72). Das Begehren wird durch den anderen nicht nur geweckt, sondern auch verstärkt. Andererseits eröffnet ihm der Gedanke, der Rivale könnte für immer auf das begehrte Objekt verzichten müssen auch die Möglichkeit, selbst von seinem Begehren Abstand zu nehmen, wie sich nach dem vermeintlichen Tod des jüngeren Bruders zeigt:

> „Eben noch hatte er dem unausweichlichen Tode in die Augen gesehen; nun sollte er leben! [...] In diesem Augenblick fühlte er selbst das als ein Glück, daß er fern sein sollte von dem Weibe, um das er alles getan, was er getan, [...] „Apollonius ist nicht gestürzt", fuhr der Alte fort, und Fritz Nettenmairs ganzer neuer Himmel versank. [...] Nun liebte er wieder das Weib, das zu fliehen er eben noch sich gefreut. [...] Gewissensangst, das drohende Jenseits, alles war erträglich, nur eins nicht: sie in seinen Armen zu wissen." (S. 148).

Girard kommentiert dieses Phänomen im Allgemeinen, indem er hervorhebt, dass sich das Begehren in dem Maße intensiviere, wie der Mittler dem begehrenden Subjekt näher rücke[137], wobei sich metaphysischer und physischer Wert antiproportional zueinander verhielten: „Je näher der Mittler rückt, um so heftiger wird die Leidenschaft und um so stärker entleert sich

---

[137] Ebenda., S. 91.

das Objekt jedes konkreten Werts."[138] Entsprechend reagiert Fritz. Statt sich aus dem emotionalen Aufruhr zurückzuziehen und die Situation mit kühlem Kopf zu durchdenken, gerät er in einen Modus, in dem er nicht mehr Herr der Lage ist und schlussendlich wirklich gewalttätig wird, anstatt nur Drohungen auszustoßen. Der Sog des triangulären Begehrens gestattet es ihm nicht mehr, seine einstige Menschenkenntnis mit Kalkül zu seinem eigenen Vorteil einzusetzen. Er sieht nicht mehr klar, nur noch verzerrte Schemen seiner Angst. Die Gewalt offenbart nur seine verzweifelte, unterlegene Lage, sie „dient keineswegs den Interessen desjenigen, der diese Gewalt ausübt, vielmehr legt sie die Intensität seines Begehrens bloß: sie ist folglich ein Zeichen von Knechtschaft."[139]

Dass Fritz nie wirklich Christianes Herz gewinnt, zeigt sich auch daran, dass bei ihm das Gefühl enttäuschter Erwartungen ausbleibt, welches für gewöhnlich mit der Erfüllung eines Begehrens einhergeht[140]. Er kann Christiane niemals ohne Schuldgefühle und Zweifel als die ‚Seinige' bezeichnen, weil er sich des Betrugs am Bruder bewusst ist und bleibt. Von metaphysischer Desillusionierung ist bei Fritz somit nichts zu entdecken, er kämpft bis zum Ende darum, Christiane ganz allein zu ‚besitzen'.

Der Besitzanspruch, um den Fritz besorgt ist, bringt im Zusammenspiel mit anderen Formulierungen den Objektstatus Christianes auf sprachlicher Ebene treffend zum Ausdruck. Die Frage, zu wem Christiane gehört wird weniger bezüglich der Frage, wen sie denn nun *liebt* verhandelt, als wem sie denn tatsächlich rechtmäßig *gehört*. Als Fritz endgültig einsehen muss, dass er die Liebe seiner Frau und seiner Kinder an Apollonius verloren hat, überträgt er ihm in Gedanken auch den Besitz an ihnen, als handle es sich um leblose Dinge: „Er, der ihm alles genommen, hat ihm auch die Kinder genommen. [...] dieses Weib, *sein* Weib, *seins*! [Hervorhebungen im Text]" (S. 165). Angesichts der negativen Darstellung von Fritz läge die Vermutung nahe, dass es sich bei dieser ‚Versachlichung' von Christiane um eine Besonderheit des vermeintlich skrupelloseren der beiden Brüder handelt. Weit gefehlt. Auch Apollonius bezieht sich auf Christiane wie auf ein Objekt, vielleicht sogar in stärkerem Maße als Fritz. Nachdem ihm klar geworden ist, dass Fritz ihm Christiane unter Vorspiegelung falscher Tatsachen abspenstig gemacht hat, führt er in Gedanken einen Monolog, der eher mit einer juristischen Argumentation als mit einer Herzensangelegenheit verglichen werden kann, in

---

[138] Ebenda., S. 93.
[139] Ebenda., S. 120.
[140] Ebenda., S. 96.

dem er besitzanzeigende Ausdrücke verwendet und gedanklich die Rechtmäßigkeit oder Unrechtmäßigkeit des Eigentums erörtert:

> „Und er weiß nun, das Weib in seinen Armen war *sein*; der Bruder hat ihn um sie und sie um ihn *betrogen*. Jetzt weiß er's, wo das Weib in seinen Armen ihm die Größe des Glücks zeigt, um das der Bruder ihn *betrogen* hat. Er hat sie *geraubt* und noch mißhandelt; [...] *Gehört* das Weib dem, der sie ihm ge-*stohlen*, der sie mißhandelt, den sie haßt? oder ihm, dem sie schändlich *gestohlen* worden ist, der sie liebt, den sie liebt? [Hervorhebungen IMK]" (S. 157).

Vielleicht ist die Verdinglichung Christianes für Apollonius sogar noch viel konkreter, da er anfangs die blaue Blume, die ihm so viel bedeutet wie Christiane selbst, in einer Kapsel an seinem Herzen trägt. Es ist bezeichnend für das Erbe des poetischen Realismus, dass in *Zwischen Himmel und Erde* ausgerechnet eine blaue Blume, seit Novalis' Roman *Heinrich von Ofterdingen* und der Tradition der Romantik das Symbol der Sehnsucht schlechthin, als zentrales Motiv genutzt wird[141]. Wenn Apollonius davon spricht, dass sie wertvoll für ihn war, aber nun in den Besitz eines anderen übergegangen ist, dann spricht er metonymisch ebenso von Christiane:

> „Als Christiane seines Bruders Weib geworden war, packte er die Kapsel mit der Blume ein und schick-te sie dem Bruder. Wegwerfen konnte er nicht, was ihm einmal teuer gewesen, aber besitzen durfte er die Blume nicht mehr. Besitzen durfte sie nur der, für den sie bestimmt gewesen, dem die Hand gehörte, die sie gegeben hatte." (S. 24).

Der sprachliche Ausdruck weist auch hier eindeutig in Richtung Objekt, wenngleich es sich für ihn deutlicher als für Fritz um ein Wertobjekt handelt, das er mit aller Achtung und Sorgfalt behandeln würde. Die Auseinandersetzung um den ‚Besitz' der Frau bedeutet somit zugleich auch eine Auseinandersetzung unter Männern, anhand derer sie ihren Status, ihre gegenseitige Beziehung und die Machtverhältnisse untereinander bestimmen[142].

Der Ursprung von Fritz Begehren ist also sein Versuch, in seiner Verbindung mit Beate an die Stelle des Vaters zu treten, und sich dadurch seiner eigenen Identität zu versi-chern. Durch das Nein des Vaters erlebt er unmittelbar, dass er noch unter dem Gesetz desselben steht, ohne es überwinden zu können. Sein frustriertes Begehren erhält durch die interne Vermittlung seines Bruders eine neue Orientierung: Er begehrt Christiane, die für ihn

---

[141] In diesem Zusammenhang wäre es sicherlich lohnenswert, den Aufsatz von Martin Schönemann: Die blaue Blume des Apollonius Nettenmair : zu Otto Ludwigs 'Zwischen Himmel und Erde'. In: Studia Germanica Gedanensia 8 2000, S. 173-180., zur Kenntnis zu nehmen. Leider war er trotz intensiver Recherchen bis zur Fertigstellung der Arbeit nicht verfügbar.

[142] Vgl. Gayle Rubin: The Traffic in Women. Notes Toward a Political Economy of Sex. In: Ranya Reiter (ed): Toward an Anthropology of Women. New York 1975. S. 157-210.

aufgrund der Bedeutung, die sie für seinen Rivalen hat, von Interesse ist. Über sie trägt Fritz den Machtkampf um die Nachfolge aus, die sein Bruder für sich zu entscheiden droht. Als Fritz durch ein weiteres Urteil seines Vaters, das ihn aus seiner Nähe verbannt, sozusagen aus dem Paradies vertreibt, seine endgültige Niederlage eingestehen muss, versucht er noch, seinen Bruder in dieses Schicksal mit hineinzuziehen und findet dabei den Tod.

3.2.2 Apollonius' sublimiertes Begehren

Apollonius bewegt sich prinzipiell innerhalb der gleichen Dreieckskonstellation wie Fritz, doch ist bei ihm die Ökonomie des Begehrens anders motiviert. Er steht als der Mittler des triangulären Begehrens und zusammen mit Fritz im Mittelpunkt der Entwicklung; doch dessen ungeachtet bleibt er anders als sein Bruder hinsichtlich seines Begehrens merkwürdig passiv und zurückhaltend. Seine Schwärmerei für Christiane schreibt er schon bald als hoffnungslos ab und betont auch später immer wieder, dass sie ihm lediglich noch als Schwägerin oder, wie er es bezeichnet, als Schwester wichtig sei. Darin offenbaren sich einige charakterliche Besonderheiten, die an dieser Stelle genauere Betrachtung verdienen, ehe auf die Genese der in Apollonius widerstreitenden Begehren und die besondere Bedeutung des homosozialen Aspekts – der starken Anziehungskraft, die zwischen zwei Rivalen des gleichen Geschlechts entsteht – eingegangen werden soll. Gerade für den jüngeren der beiden Brüder ist das Kontinuum zwischen homosozialem und homosexuellem Begehren relevant[143], das bei ihm noch auf den ursprünglichen, homoerotischen ödipalen Konflikt verweist. Insgesamt wird deutlich, dass Apollonius' Verehrung für Christiane der externen Vermittlung durch Fritz geschuldet ist, die letztlich zur internen Vermittlung gesteigert auch eine sexuelle Komponente annimmt.

Schon die äußere Erscheinung Apollonius' unterscheidet ihn von seinem Bruder. Fritz gibt sich demonstrativ selbstbewusst, „seine gedrungene Gestalt, sein volles rotes Gesicht, das tiefer in den Schultern stak, als er meinte, wenigstens nicht tiefer, als er für schön hielt"

---

[143] "Male homosocial desire": The phrase in the title of this study is intended to mark both discriminations and paradoxes. "Homosocial desire," to begin with, is a kind of oxymoron. "Homosocial" is a word occasionally used in history and the social sciences, where it describes social bonds between persons of the same sex; it is a neologism, obviously formed by analogy with "homosexual," and just as obviously meant to be distinguished from "homosexual." In fact, it is applied to such activities as "male bonding," which may, as in our society, be characterized by intense homophobia, fear and hatred of homosexuality. To draw the "homosocial" back into the orbit of "desire," of the potentially erotic, then, is to hypothesize the potential unbrokenness of a continuum between homosocial and homosexual - a continuum whose visibility, for men, in our society, is radically disrupted. [...] I do not mean to discuss genital homosexual desire as "at the root of" other forms of male homosociality - but rather a strategy for making generalizations about, and marking historical differences in, the structure of men's relations with other men." Sedgwick (wie Anm. 6), S. 1–2.

entsprechen seinem männlichen Schönheitsideal versichern ihn, dass er „ein Kerl [ist], der das Leben versteht" und der Wert darauf legt, im Mittelpunkt zu stehen (S. 28f). Während in der (Selbst-)Darstellung von Fritz bereits die narzisstische Egozentrik anklingt, die sich in seinem Verfolgungswahn später gegen ihn richten wird, wirkt Apollonius trotz seiner großgewachsenen Statur eher zurückhaltend, unsicher und feminin. Dies fällt insbesondere der Stadtbevölkerung nach seiner ‚Heldentat' mit Verwunderung auf: „man hatte sich ihn anders gedacht, braun, keckäugig, verwegen, übersprudelnd von Kraftgefühl, sogar wild" (S. 204). Dem erwarteten Männlichkeitsideal entspricht Apollonius beileibe nicht, doch angesichts der Sympathien, die er sich durch die Löschaktion verdient hat, beurteilen die Zuschauer seine Erscheinung wohlwollend: „Das mädchenhafte Erröten einer so hohen männlichen Gestalt hatte seinen eigenen Reiz, und die verlegene Bescheidenheit des ehrlichen Gesichts, die nicht zu wissen schien, was er getan, gewann;" (S. 204). Die schüchterne Zurückhaltung Apollonius' ist eine Konstante, die trotz aller charakterlichen Entwicklung den ganzen Erzählzeitraum über erhalten geblieben ist und bereits beim ersten berichteten Abend vor dem Schützenhaus zu beobachten war, als die Rede des Bruders „seine Wangen so rot färbte, als die des Mädchens gewesen waren." (S. 13).

Ein weiterer Gesichtspunkt, der sich besonders gut am Ende der Entwicklung offenlegen lässt, um ihn dann in seiner Entwicklung zurückzuverfolgen, ist das körper- und lustfeindliche Wesen, das Apollonius im Zusammenhang mit Nacktheit und Leidenschaft an den Tag legt, das ihn sogar in Gegenwart von Männern hemmt, wie in der Sturmnacht deutlich wird: Nachdem Apollonius in der winterlichen Eiseskälte den Brand gelöscht hat, nötigt ihn der fürsorgliche Bauherr seiner Gesundheit zuliebe die gefrorenen Kleidungsstücke auszuziehen, um sich aufzuwärmen. Obwohl außer den beiden niemand anwesend ist, besteht Apollonius darauf, sich unter der Decke aus- und später auch wieder anzuziehen. „Der Bauherr kehrte sich ab von ihm und lachte durch das Fenster Sturm und Blitzen zu; er wußte nicht, ob über Apollonius' Schamhaftigkeit oder überhaupt aus Freude an seinem Liebling." (S. 203). Zu Recht bemerkt Hermann Weigand, dass Christiane, wäre sie Apollonius' Frau geworden, einige furchtbare Enttäuschungen bevorgestanden hätten:

> "Der Grad von Schamhaftigkeit, der [Apollonius] nötigt, sich im Türmerhäuschen in Gegenwart des alten Bauherrn unter der Decke zu entkleiden, gibt zu denken. Trotz seinem Verlangen nach der Geliebten hat er Angst vor dem Geschlechtsleben."[144]

---

[144] Weigand (wie Anm. 2), S. 134.

Vor diesem Hintergrund gewinnt die vermeintlich harmlose, von Eigeninteresse gesteuerte Frage Fritz' „Und was soll ein rasches Mädel mit einem Träumer anfangen?" (S. 18) an neuer Bedeutung. Sie deutet voraus auf die Schwierigkeiten von Apollonius, sich auf eine romantische Beziehung nicht nur in seiner Vorstellung, sondern auch in der Realität körperlich einzulassen. Die Einschätzung des Bruders erweist sich als überraschend treffsicher, gerade wenn man sich ansieht, wie Apollonius reagiert, als er das erste und einzige Mal Christiane in seinen Armen hält. Vor Schreck tut er zunächst – nichts. „Er stand verwirrt; er wußte nicht, wie ihm geschehen war, er mußte sich besinnen." (S. 154). Der Unterschied zwischen Vorstellung und Wirklichkeit, in der er sie plötzlich in all ihrer Sinnlichkeit umfasst hält, überfordert Apollonius, vordergründig aus moralischen Gründen, de facto wäre er aber gar nicht fähig, seinen Gefühlen für sie Ausdruck zu verleihen, so stocksteif und stumm wie er dasteht. Ihre körperliche Präsenz lähmt ihn:

> „Und nun hielt er sie in den Armen. Die Gestalt, die er schmerzlich-mühsam und doch vergebens, seit Wochen von sich abzuwehren gerungen, deren bloßes Gedankenabbild all sein Wesen in eine Bewegung brachte, die er sich als Sünde vorwarf, lag in schwellender, atmender, lastender, wonneängstigender Wirklichkeit an ihn hingegossen." (S. 155).

Christiane lässt unterdessen vor Entzücken jegliche Zurückhaltung oder Vorsicht fahren und redet sich alle Hoffnungen und Qualen der vergangenen Wochen von der Seele und genießt einfach nur den Augenblick. Während Apollonius sie als rein und unschuldig erlebt, fürchtet er die Folgen einer Impulshandlung seinerseits. Selbst sein Lieben ist noch von der ihm eigenen Rationalität durchdrungen, so dass er sich „angstvoll sich nach einem Helfer um[sah]. Wenn nur Valentin käme! Dann mußt' er sie aus seinen Armen lassen. […] Er legte die Kraftlose sanft auf den Rasen." (S. 158). Über seine Verlegenheit kommt er erst hinweg, nachdem er einen ihrer kleinen Söhne wie ein Schutzschild zwischen sich und sie gestellt hat und den Jungen vermutlich entweder beinahe erdrückt oder vielleicht doch etwas zu zärtlich umarmt: „Er hatte sie in dem Kinde an sein Herz gedrückt, wie allein er [Fritz?] sie an sein Herz drücken durfte." (S. 159).

Die Asexualität Apollonius korreliert mit seiner vergeistigten Art, Liebesdinge zu betrachten, in der Vorstellungen und Symbole wichtiger sind als die reale Person. Diese Tendenz zeichnet sich schon in der Phase seiner anfänglichen Verliebtheit ab. Nachdem sein Bruder Fritz angekündigt beziehungsweise angedroht hat, an Apollonius' Stelle um Christiane zu werben, bietet sich dem Jüngeren einen kurzen Moment lang die Gelegenheit, eine solche unerwünschte Einmischung zu verhindern und selbst aktiv zu werden. Doch sein Einsatz bleibt halbherzig: „Er eilte ihm [Fritz] vergeblich nach bis zur Türe. Dort nahm ihn wiederum die Blume gefangen, die das Mädchen für einen Finder hingelegt, für einen glücklichen, fand sie der, dem sie zugedacht war." (S. 14). Hin und hergerissen zwischen Tat und Idee entscheidet Apollonius sich für den symbolischen Ausdruck ihrer Zuneigung, statt für ihre Zuneigung selbst. Das Zeichen erscheint ihm im entscheidenden Moment wichtiger, möglicherweise auch kontrollierbarer und ungefährlicher als der wirkliche Kontakt. Nachdem er diesen Weg einmal eingeschlagen hat, unternimmt er auch im weiteren Verlauf keine aktiven Schritte, um Christiane für sich zu gewinnen. Er ersetzt die Aufmerksamkeit für die Frau durch die Aufmerksamkeit für die blaue Blume, das Zeichen seiner Sehnsucht, das er sorgsam und ordentlich in einer Blechkapsel aufbewahrt, die er um den Hals tragen kann. Er bleibt dem Gefühl verhaftet, ohne sich der Möglichkeit einer realen Erfahrung zu stellen. Folglich bleibt dies das letzte Zeichen ihrer Gunst[145].

Apollonius' Untätigkeit erklärt sich daraus, dass Christianes Nähe in seiner Wahrnehmung möglicherweise auch ein negatives Element innewohnt: „Er [Apollonius] hatte schon die Hand erhoben, dem Bruder Einhalt zu tun, als die Erscheinung des Mädchens selbst ihm alles andere verdunkelte." (S. 13f). Inhaltlich betrachtet ist die Situation richtig wieder gegeben, denn Christiane tritt zwischen den Lichtschein, der aus dem Tanzsaal in den Garten dringt. Zugleich hebt der Satz hervor, dass die gesamte Aufmerksamkeit Apollonius' auf sie gerichtet ist. Dennoch muss die Wortwahl, mit der die Faszination, die von dem Mädchen ausgeht und Apollonius' gesamte Aufmerksamkeit auf sie lenkt, als bezeichnend gelten. Das Wort verdunkeln taucht im weiteren Text nur noch ein einziges Mal auf, als die Erzählinstanz einen beruflichen Erfolg Apollonius mit den Worten kommentiert: „Die Freude über ein neugewonnenes Gut verdunkelte ihm keinen Augenblick, was er schon besaß."[146] Umso verwunderlicher, dass ihm die reale Erscheinung von Christiane anders als die imaginäre Vorstellung die Welt um ihn herum schwarz werden lässt. Ihre körperliche Anwesenheit ist somit trotz der positiv auslegbaren Beschreibung sprachlich zunächst negativ konnotiert.

Die sichere Distanz wahrt Apollonius auch, indem er sich von seinem Bruder Bericht erstatten lässt und jede direkte Kontaktaufnahme ablehnt. „Der Bruder forderte ihn hundertmal auf, sie abzupassen und selbst seine Sache bei ihr zu führen. […] Unser Held wies die Aufforderungen ab wie die Anerbieten. Es war doch unnütz." (S. 15). Obwohl Fritz Apolloni-

---

[145] „War es ein Liebeszeichen von ihr und für ihn, so war es das letzte." (S. 14).
[146] Beispielsweise nachdem Apollonius die Genehmigung erhalten hat, bei der Reparatur des Kirchendaches tatkräftig mitzuwirken: S. 46.

us die Gelegenheit verschafft hätte, geht dieser nicht darauf ein. Die Manipulationskünste des Älteren verfestigen durch die „leere Geste"[147], vermutlich im vollen Bewusstsein von dem zögerlichen, mutlosen Charakter des Bruders, eher noch die zurückhaltende Art des Jüngeren. Fritz kann sich in seiner Menschenkenntnis sicher sein, dass der verträumte Apollonius das Angebot ausschlagen wird; dennoch hätte dieser die Möglichkeit nutzen können, wäre er nicht zu sehr in seiner Vorstellungswelt gefangen:

> "[I]n Lacanian theory, fantasy designates the subject's "impossible" relation to a, to the object-cause of its desire. Fantasy is usually conceived as a scenario that realizes the subject's desire. This elementary definition is quite adequate, on condition that we take it literally: what the fantasy stages is not a scene in which our desire is fulfilled [!] fully satisfied, but on the contrary, a scene that realizes, stages, the desire as such. The fundamental point of psychoanalysis is that desire is not something given in advance, but something that has to be constructed - and it is precisely the role of fantasy to give the coordinates of the subjet's desire, to specify its object, to locate the position the subject assumes in it."[148]

Apollonius' Phantasie erschafft sein Begehren und hält es in Form der blauen Blume lebendig, ohne dass er sich genötigt sähe, weitere Schritte zu unternehmen. „›Bist du's auch, für den sie die Blume hierhergelegt? Hat sie die Blume für jemand hierhergelegt?‹ Sein Herz antwortete glücklich auf beides ein Ja, während ihn das Vorhaben des Bruders noch bedrängte." (S. 14). Sein Begehren ist geweckt und genügt sich darin, sich in seiner Selbstreflexivität selbst zu erhalten. Der Gesamtzusammenhang verdeutlicht, wie treffend Fritz' Einschätzung des jüngeren Bruders als ‚Träumer'[149] ist.

Als Schwärmer, der ein imaginäres Idealbild verehrt, hat Apollonius kein echtes Interesse daran, eine wirkliche Beziehung mit Christiane einzugehen. Diese Aufgabe übernimmt Fritz für ihn, wodurch Apollonius letztlich auch den Kontakt zu Christiane wahren kann, ohne in irgendeiner Weise verpflichtet zu sein, sexuell auf sie eingehen zu müssen. Er ist interpassiv und überlässt Fritz den Genuss. Durch die Interpassivität tritt Apollonius „dem Anderen den passiven Aspekt (das Genießen) [s]einer Erfahrung ab, während [er] aktiv engagiert

---

[147] "Die elementarste Ebene des symbolischen Austauschs ist eine sogenannte »leere Geste«, ein Angebot, das gedacht oder gemacht worden ist, damit es zurückgewiesen wird. [...] Zu einer Gesellschaft zu gehören schließt immer ein paradoxes Moment ein, bei dem jeder von uns aufgefordert ist, aus freien Stücken als Ergebnis unserer Wahl anzunehmen, was uns sowieso auferlegt wird [...]. Dieses Paradox des (frei gewählten) Wollens, was zugleich obligatorisch ist, der Behauptung (der Aufrechterhaltung des Scheins), daß es eine freie Wahl gibt, hängt strikt mit dem Begriff einer leeren symbolischen Geste zusammen, einer Geste - einem Angebot, das dazu bestimmt ist, zurückgewiesen zu werden." Žižek (wie Anm. 8), S. 23.

[148] Žižek (wie Anm. 36), S. 6.

[149] z.B. auf S. 18. Diese Benennung findet sich gerade zu Beginn der Erzählung häufig, um dann im Verlauf der Ereignisse an Dominanz zu verlieren, weil sie durch die Persönlichkeitsentwicklung von Apollonius scheinbar als unzutreffend wiederlegt wird.

bleiben kann"[150]. Fritz befreit ihn „von der Aufgabe [...], [s]ich zu amüsieren"[151], während Apollonius in Köln seine berufliche Laufbahn vorantreibt und nach seiner Rückkehr alle Zeit und Energie der Rettung des Familienbetriebs widmen kann.

All diese Indizien weisen darauf hin, dass für Apollonius der Ausgangspunkt seiner Begehrensökonomie der homosexuelle ödipale Konflikt war. Geht man in seinem Fall von einer Familienstruktur aus, in welcher die Mutter bereits fehlt, rückt der Vater an die Stelle der ersten Bezugsperson und mithin des ursprünglichen Liebesobjekts und der ältere Bruder an die Stelle des Gegenspielers, der diese Beziehung zu stören sucht. Da die Liebe zum Vater aufgrund von Inzest- und Homosexualitätsverbot mit einem doppelten Tabu belegt ist, wird diese Neigung verleugnet. Internalisiert nimmt sie dennoch Einfluss auf die Geschwisterbeziehung, selbst als das homosexuelle bereits vom heterosexuellen Begehren überlagert wird. In der Rivalität um Christiane tritt es als homosoziales Begehren zutage, das bei Apollonius stärker als bei Fritz auch eine erotische Komponente besitzt.

Dementsprechend steht auf der Ebene der Kommunikation und Interaktion auch von Apollonius' Standpunkt aus betrachtet der Bruder eindeutig im Vordergrund: Beispielsweise schreibt er seinen Liebesbrief auf dessen Wunsch, übergibt ihn diesem und übersendet ihm nachträglich zur Hochzeit die blaue Blume, das fassbare Symbol ihres gemeinsamen Begehrens. Nach der Rückkehr von Apollonius zieht sich Fritz immer weiter aus seiner Verantwortung zurück, während Apollonius nach einiger Zeit auch für seinen Bruder die Rolle des Familienvaters und Versorgers übernimmt. Die Rechtfertigung seines Verhaltens auf den Vorwurf von Fritz hin klingt nahezu wie eine Liebeserklärung: „Für wen schaff' ich? Für wen wach' ich?" (S. 100). Apollonius trägt Verantwortung für die Erziehung der Kinder, die rein rational betrachtet nicht die seinen sein können und doch zum Teil seine Züge zu tragen scheinen[152]. Er träumt noch zu Lebzeiten von Fritz davon, eines Tages Ännchen zu verheiraten und den Söhnen das „schuldenfreie Geschäft" zu übergeben[153] und bleibt diesem Anliegen auch nach dem Tod des Bruders treu. Diese enge emotionale Bindung ist zeitgleicher Ausdruck seiner Bruderliebe und seiner Rivalität, indem er offensichtlich Schritte unternimmt, um

---

[150] Žižek (wie Anm. 8), S. 39–40.
[151] Ebenda., S. 37.
[152] „Ännchen hatte die Mutter wieder umschlungen, die in der Laube saß. Sie sah wieder mit Apollonius' Augen zu ihr auf und erzählte ihr von ihm." (S. 71).
[153] „So war es seit Monaten gewesen. Wenn er auf seinem Fahrzeug das Turmdach umflog, wenn er hämmernd auf dem Dachstuhl kniete, waren die Gestalten der Kinder seines Bruders, seine Kinder, um ihn. Schneller als sein Schiff flog seine Phantasie der Zeit voraus. Wie sein Schiff um das Turmdach, drehte sich hinter seinem ganzen Denken um die Stunde, wo die Söhne erwachsen waren und er [!] ihnen das schuldenfreie Geschäft übergab, wo Ännchen aussah wie ihre Mutter, und er [!] ihre jungfräuliche Hand in die Hand eines braven Mannes legte. [...] Jetzt - oh manchmal war es ihm, als arbeite er nun umsonst." (S. 117f).

den Älteren von seinem Platz zu verdrängen. Das seinem Verhalten zugrundeliegende homosoziale Begehren strukturiert die Machtverhältnisse der beiden ungleichen Männer.

Es ist nicht auszuschließen, dass auch homosoziale Eifersucht eine tragende Rolle innerhalb der Entwicklungen einnimmt. Dies lässt sich an dem Argwohn beobachten, mit dem Apollonius die Freundschaft zwischen Fritz und dem Gesellen beäugt. Vordergründig geht es Apollonius wie gewohnt nur um das finanzielle Wachstum des Familienbetriebes, doch erkennt Fritz mit seiner Menschenkenntnis ein weiterreichendes Kalkül, das jedoch durch das Erzählverfahren seinem vermeintlichen Verfolgungswahn zugerechnet wird (S. 92f). Die Vermutung erscheint somit abwegig, verkennt möglicherweise aber nur das gemeinte Objekt: Der Geselle steht mit seiner Spionagetätigkeit nicht nur zwischen Christiane und Apollonius, sondern auch zwischen Apollonius und seinem Bruder, dem eigentlichen Objekt des brüderlichen Interesses. Dies verstärkt die Fragen nach der Verwicklung von Apollonius in den Tod des Gesellen, da es ihm ein Motiv liefern könnte. Aufgrund der lückenhaften Textgrundlage lassen sich diesbezüglich allerdings keine abschließenden Schlüsse ziehen.

Das homosoziale Begehren bleibt auch nach dem Tod von Fritz erhalten. Christiane muss sich, wenn es um die Aufmerksamkeit und das Vertrauen von Apollonius' geht, weiterhin mit einem Rivalen auseinandersetzen, nämlich dem Bauherrn. Wie es zuvor bereits Valentin getan hat (S. 33), betrachtet der Bauherr den jungen Nettenmair schon früh als „seinen Liebling" (S. 51), und nach all den dramatischen Ereignissen vertieft sich die bestehende Männerfreundschaft noch, wohingegen trotz des gemeinsamen Wohnraums weiterhin nur ein oberflächlicher Kontakt zwischen Christiane und Apollonius besteht. „Der alte Bauherr, der bis zu seinem Tod mit ganzer Seele an ihm hing, blieb sein einziger Umgang, wie er der einzige war, dem sich Apollonius, ohne seiner Natur ungetreu werden zu müssen, enger anschließen konnte." (S. 208).

In der Genese des stellvertretenden heterosexuellen Begehrens von Apollonius kommt seinem älteren Bruder eine entscheidende Rolle zu. Wiederum erweist sich das Begehren in den Umständen statt im Objekt begründet: Als älterer Bruder dient Fritz Apollonius trotz aller Charakterunterschiede als Vorbild. Zwar ist die Beziehung der Brüder von der Rivalität um den Vater geprägt, doch bewirkt gerade dieser Umstand eine darüber hinausgehende Bindung, der Apollonius sogar liebevolle Züge verleiht, und die dazu führt, dass Fritz seinem Bruder zunächst als externer Mittler eine heterosexuelle Beziehung vorlebt. Apollonius wählt Christiane zu Beginn als diejenige aus, auf die er sein den Konventionen entsprechend sublimiertes Begehren richtet und entwickelt diesbezüglich beachtenswert romantische

Neigungen. Dessen ungeachtet handelt es sich bei seinen heterosexuell orientierten Wünschen letztlich um das Ergebnis externer Vermittlung. Somit sind Apollonius' Schwärmerei für Christiane und die Beziehung von Fritz und Beate bei ihm gedanklich eng verknüpft. Das wird offensichtlich, als er von seiner eigenen Verliebtheit ablenken möchte und den Bruder nach dessen Freundin Beate fragt[154]. Der Gedankensprung erfolgt unmittelbar und ohne lange Überlegung; ein Hinweis darauf, dass er sich in der Situation an dem Modell des älteren Bruders orientiert.

Ein weiterer Faktor ist das Verhalten von Christiane selbst. Apollonius' Interesse richtet sich gerade auf sie, weil sie mit ihrer Körpersprache ihre Erwartung zum Ausdruck bringt: „Er fühlte, sie hatte ihn gesehen, sie erwartete, er sollte näher treten, und daß sie wußte, er verstand sie, das färbte ihr die Wangen röter." (S. 11). Er hingegen zögert. Mutmaßlich die daraus entstehende Verunsicherung bringt sie dazu, sich wieder zurückzuziehen, eventuell aber auch das Erscheinen eines „Dritten" (S. 11), des Bruders von Apollonius. Beobachtet durch den älteren, selbstbewussten Bruder und durch ihren schüchternen Versuch, die Aufmerksamkeit auf sich zu lenken, ist sein nächster Schritt in den Erwartungen der anderen schon vorgezeichnet. Wenig überraschend wird „das Mädchen das Ziel […], nach dem alle Wege seines Denkens führten" (S. 13).

> "Man muß dem jedoch sofort hinzufügen, daß das Begehren in der Phantasie nicht das eigene des Subjekts ist, sondern das Begehren der anderen, das Begehren derjenigen um mich herum, mit denen ich interagiere; [...] Die ursprüngliche Frage des Begehrens ist nicht direkt »Was will ich?«, sondern »Was wollen die anderen von mir? Was sehen sie in mir? Wer bin ich für diese anderen?«."[155]

Apollonius erfüllt mit seinem Interesse für Christiane einerseits die in ihn gesetzten Erwartungen, andererseits beschämt ihn die Reaktion seines Bruders auf sein eigenes, verträumtes Verhalten. Er stellt fest, dass er dem Prototyp des forschen, heterosexuellen Mannes nicht entspricht; für Fritz ist er sowieso nur der weltfremde Träumer. Um der Beziehung zum Bruder willen tut er, was von ihm verlangt wird, hält das Begehren aufrecht, das ihn mit dem anderen verbindet und schreibt nach Aufforderung Liebesbriefe, die er dem Bruder überreicht: „Du schreibst ihr einen beweglichen Brief zum Abschied, den bekommt sie durch mich, und ich will ihr schon das Herz weich machen." (S. 15f). Diesem Liebesbrief für Christiane und gleichzeitig in gewissem Sinne an den Bruder kommt eine doppelte Aufgabe zu: Einerseits erhält er den Schein aufrecht, Fritz wolle tatsächlich in Apollonius' Namen

---

[154] „»Du suchst die Beate? fragte unser Held, um seine Verlegenheit zu verbergen.«" (S. 11).
[155] Žižek (wie Anm. 8), S. 69.

werben, andererseits gibt er Fritz die Möglichkeit, sich nachhaltig von dem Begehren für Christiane infizieren zu lassen. Alles das, was er zuvor nur mündlich von Apollonius gehört hatte und das durch dessen Abwesenheit langsam aus seinem Gedächtnis schwände, hat er nun schriftlich festgehalten zum Nachlesen. Den letzteren Zweck erfüllt auch die weitere Korrespondenz mit Apollonius, die er dementsprechend sorgfältig in seinem Schreibpult aufbewahrt (S. 83f). Als Mittler stärkt Apollonius mit seinen ‚Liebesbriefen‘ ohne es zu ahnen das Begehren seines Bruders. Der Kreislauf des Begehrens befindet sich zu diesem Zeitpunkt bereits in vollem Gange:

> "Das metaphysische Begehren ist immer ansteckend. [...] Zwischen den beiden Rivalen wird das Begehren immer schneller zirkulieren und bei jedem Hin und Her an Intensität gewinnen [...]. Wir befinden uns hier in Präsenz eines Subjekts, das Mittler ist, und eines Mittlers, der Subjekt ist [...]."[156]

Angesichts der schriftlichen Grundlage kann Fritz gar nicht anders, als bei Apollonius, der in der Zeit seines Aufenthalts beim Vetter sein Begehren weitestgehend unter Kontrolle gebracht hat, immer noch die gleichen Gefühle vorauszusetzen und einen Gegenschlag zu fürchten. Die gesteigerte Bedrohung verstärkt sein eigenes Begehren und führt bei Apollonius, den er zudem erst auf den Betrug aufmerksam macht, zu einer Art Rückkopplungseffekt. Das Begehren, das Apollonius zuvor bei Fritz ausgelöst hatte, wurde durch diesen intensiviert und sexuell aufgeladen, was wiederum Rückwirkungen auf Apollonius zur Folge hat. Ein entscheidender Moment in der Genese des Begehrens tritt ein, als Apollonius die Täuschung des Bruders durchschaut. Anfangs geht Apollonius wie selbstverständlich davon aus, die brüderliche Zuneigung seines Bruders zu besitzen. Als diese Illusion durch den aufgedeckten Betrug zerstört wird, tauschen Fritz und Christiane in Apollonius‘ Wahrnehmung als Aggressor und Liebesobjekt die Rollen. In diesem Moment wird Fritz auch für Apollonius durch die unvermittelt entdeckte Feindseligkeit des Gegenübers zum Rivalen. In der zwangsläufig daraus folgenden internen Vermittlung wird Apollonius‘ Begehren Christiane gegenüber trotz seiner eigentlich homoerotischen Neigungen sexualisiert. Mittels der entstandenen Konkurrenz versucht Apollonius einerseits, den Bruder zu besiegen, ihn andererseits durch die im Wettstreit entstandene Bindung doch noch für sich zu gewinnen. Darin liegt die Komplexität und auch das Dilemma des eigentlich homosozialen, aber heterosexuell aufgeladenen Begehrens verborgen. Das mimetische Begehren erweist sich als so wirkungsvoll, dass es die ursprüngliche sexuelle Orientierung überblenden kann. Fritz wird mithin zum Mittler des sinnlichen

---

[156] Girard (wie Anm. 6), S. 106–107.

Begehrens für seinen eigenen, ursprünglichen Mittler. „Um die Reziprozität zu vervollständigen, muß hinzugefügt werden, daß der Nachahmer seinerseits als Modell dienen kann, manchmal sogar für sein eigenes Modell."[157] Genau dieser Fall tritt hier ein, indem das Begehren Apollonius' durch seinen erfolgreicheren Rivalen wiederbelebt wird und zudem eine qualitative Steigerung erlebt.

Die besondere Situation von Apollonius, in der sowohl sein primäres als auch sein stellvertretendes Liebesobjekt einem Tabu unterliegen, führt zu einer zweifachen Verdrängung; dadurch ist die erste nur an den oben bereits aufgeführten Indizien nachvollziehbar, wohingegen die letztere noch leichter zu erkennen ist: Nachdem Fritz Christiane geheiratet hat, versucht Apollonius sich selbst glauben zu machen, dass er für seine Schwägerin nur noch brüderliche Gefühle empfinde und bezeichnet sie in Gedanken demonstrativ als ‚Schwester'. Es handelt sich hierbei um Selbstbetrug, der auf subtile Art einen inneren Konflikt des Charakters widerspiegelt. Hinweise auf Apollonius Zerrissenheit zwischen kulturellem Verbot und seinen idealisierenden Gefühlen zu Christiane gibt es reichlich; „[E]r sollte von heute an in demselben Hause leben und sie täglich sehen als seine Schwägerin" (S. 10) – der Schmerz, der in dem Gedanken ausgedrückt wird, ist anhand des Hilfsverbs ‚sollen' deutlich nachweisbar, und auch seine Beteuerung, „[s]eine Neigung [sei] die eines Bruders zur Schwester geworden, und was ihn jetzt bewegte, [sähe] mehr einer Sorge gleich" (S. 11), wirkt wenig glaubwürdig, wenn man die vergangenen Erlebnisse bedenkt und kurz zuvor liest, dass sein Herz beim Gedanken an sie stärker schlage. Er bedauert ihre Abneigung gegen ihn. „Es war ihm, als müsse er schon deswegen heim, damit er ihr zeigte, er verdiene ihren Widerwillen nicht, er sei wert, ihr Bruder zu sein." (S. 24). Obwohl er zuvor die Gelegenheit gehabt hätte, zu heiraten, nutzt er sie nicht, „er wußte nicht, daß doch nur [Christiane] es war, die zwischen ihm und des Vetters Tochter stand und zwischen ihm und jeder anderen gestanden hätte." (S. 23f).

Apollonius tut gedanklich alles in seiner Macht stehende, um sich von seinem Begehren abzubringen, selbst wenn es nur die Vorstellung von Christiane ist, die ihn an sie bindet. Dass Christiane aufgrund ihrer Stellung als Ehefrau des Bruders für Apollonius unerreichbar ist, kommt seinem zutiefst verdrängten homosexuellen Begehren entgegen, muss er sich doch nicht ernsthaft mit der Frage einer Eheschließung auseinandersetzen. Die kulturelle Norm, keine verheiratete Frau zu verehren, übernimmt angesichts des mimetischen Begehrens eine

---

157 Girard (wie Anm. 7), S. 216.

wichtige Funktion. Sie verhindert den mimetischen Wunsch und die zugehörige Gewaltspirale: „Indem die kulturelle Ordnung die Energien auf rituelle Formen und vom Ritus sanktionierte Aktivitäten lenkt, verhindert sie die Konvergenz der Wünsche auf ein und dasselbe Objekt;"[158] Apollonius bemüht sich dementsprechend, den an ihn als Schwager gestellten Erwartungen gerecht zu werden und „arbeitend sich [zu] vergessen" (S. 40). Doch Fritz fehlt das Vertrauen in die Zuverlässigkeit der gesellschaftlichen Norm, zumal er selbst nach eigenen Regeln spielt. Sein Misstrauen befeuert das trianguläre Begehren und setzt den Gewaltzyklus in Gang, als gäbe es keinerlei Tabu.

Auf der vorangegangenen Analyse aufbauend, lässt sich die entscheidende Frage, warum Apollonius sich nach der Brandnacht der Erfüllung seines vermeintlichen Begehrens widersetzt, leicht beantworten. Seine verdrängte homosexuelle Orientierung ist diesbezüglich von hervorgehobener Bedeutung. Mit dem Tod des Mittlers und Rivalen entfällt ein wesentlicher Antrieb des stellvertretenden, heterosexuellen Begehrens. Der Text verdeutlicht jedoch, dass sich Apollonius Wünsche nicht unmittelbar nach dem Sturz des Bruders erübrigen, sondern noch eine Weile weiter bestehen und Apollonius in heftige Gewissenskämpfe verstricken. Er hat den Bruder als Mittler internalisiert, ebenso wie zuvor bereits das verleugnete Begehren nach dem Vater. Dies verhindert eine einfache Loslösung von Christiane; dass andererseits angesichts seiner ursprünglichen sexuellen Orientierung die Aussicht, die Ehe mit Christiane tatsächlich zu vollziehen, Unruhe und Unwohlsein in ihm auslöst, ist nur zu verständlich. Selbst im Normalfall ist die Verwirklichung eines Wunsches zwangsläufig mit Enttäuschung verbunden, weil die erhoffte Erfüllung nicht eintritt: "[D]as Subjekt stellt fest, daß der Besitz des Objekts sein Wesen nicht verändert hat; die erwartete Metamorphose ist nicht eingetreten. Die Enttäuschung ist umso schlimmer, je überragender der ›Vorzug‹ des Objekts angeblich ist."[159] Um dies zu verstehen, muss daran erinnert werden, dass das Objekt des Begehrens nur als Notbehelf dient, um die angestrebte metaphysische Veränderung zu erzielen. Diese Erfahrung ist somit eng in die Funktionsweise des stellvertretenden Begehrens eingeschrieben. Bei Apollonius fiele die Enttäuschung noch tiefer aus, da das heterosexuelle Begehren bereits einen Ersatz für das homoerotische Begehren nach dem Vater darstellt. Indem sich Apollonius von seinem Begehren distanziert, bleibt ihm nicht nur die Ernüchterung, sondern zugleich auch die heterosexuelle Ehe erspart, die seinem Wesen nicht entspräche.

---

[158] Ebenda., S. 219.
[159] Girard (wie Anm. 6), S. 96.

Die Abwesenheit von Begehren liegt nicht in dessen Wesen[160], so dass die selbst-referentielle Natur des Begehrens unmittelbar ein neues Ziel findet[161]. In *Zwischen Himmel und Erde* verschreibt Apollonius sich nach dem Nein zu einer Heirat dem Allgemeinwohl[162]. Dieses Motiv war bei ihm schon frühzeitig präsent, um die Anziehung Christianes mithilfe von Sublimierung vor sich selbst zu verbergen. Wiederum handelt es sich um ein Anliegen, das von ihm selbst ausgeht, diesmal vor dem Hintergrund des eigenständig umdefinierten Ehrbegriffs des Vaters, und durch die Erwartungen und Hinweise eines Gegenübers verstärkt wird, im konkreten Fall durch das abstrakte Gegenüber der Stadtbevölkerung vor, während und nach dem Blitzeinschlag. Der Vorteil dieses Begehrens, das aus dem unmittelbaren Bereich der zwischenmenschlichen Beziehungen in den allgemein karitativen verschoben wurde, liegt darin, dass es aufgrund seiner unerschöpflichen Aufgaben niemals restlos erfüllt werden kann und somit auch die Gefahr einer weiteren Enttäuschung unmöglich ist.

Die vom Text nahegelegte Begründung, Apollonius verzichte aus übertriebenen Schuldgefühlen heraus auf die Ehe mit Christiane, ist nur vorgeschoben, erfüllt für Apollonius aber einen bestimmten Zweck: Seine Entscheidung, sich dem Willen des Vaters zu widersetzen, kommt dem endgültigen Machtverlust des zuvor unwidersprochenen Herrschers gleich. Indem er den Vater eigenmächtig ,entmannt', rückt der alte, hilfsbedürftige Greis endgültig in die Objektposition, im ödipalen Dreieck die Position der Mutter. Ließe Apollonius dies in sein Bewusstsein gelangen, läge sein zuvor mühsam zusammengehaltenes Weltbild in Scherben.

Vor diesem Hintergrund stellt Apollonius die Frage nach der eigenen Verantwortung am Sturz des Bruders. Er fühlt sich auf eine übernatürliche Art und Weise schuldig, fragt sich wiederholt „War es des Bruders Sturz, was er gehämmert hat?" (S. 184), glaubt, er habe die Macht besessen durch „seine bösen Gedanken" einen „Zauber" zurecht zu hämmern, aufgrund dessen der Bruder gestürzt sei (S. 183f) und selbst wenn alles mit rechten Dingen vor sich gegangen sein sollte, hätte er Wege finden müssen, seinen Bruder zu retten, „wenn sein Herz und Kopf nicht voll gewesen wäre von den wilden verbotenen Wünschen" (S. 184). Um diese Gedankenspiele des Überlebenden richtig zu bewerten, ist es wichtig zu „begreifen, daß die Übernahme von Schuld eine Flucht vor dem realen Trauma sein kann – […] indem [er] die Schuld auf sich nimmt, wird der Andere vor dem zerstörerischen Wissen um seine Inkonsis-

---

[160] Žižek (wie Anm. 36), S. 7.
[161] Girard (wie Anm. 6), S. 96–97.
[162] Zur Diskussion über die Bedeutung des Gemeinwohls in Zwischen Himmel und Erde vgl.: Weigand (wie Anm. 2), Osterkamp (wie Anm. 28), Eckhardt Meyer-Krentler: Der Bürger als Freund. Ein sozialethisches Programm und seine Kritik in der neueren deutschen Erzählliteratur, München 1984, Böschenstein, Symington (wie Anm. 26), Korte (wie Anm. 5).

tenz, Impotenz, Inexistenz bewahrt"[163]. Apollonius erhält für sich selbst das Ansehen des geliebten Vaters und der väterlichen Ordnung, indem er seine Entscheidung für sich mit der vermeintlichen Schuld am Tod des Bruders rechtfertigt – „Hat er den Lohn der Tat, so hat er auch die Tat." (S. 187) – und somit nicht der Realität ins Auge blicken muss, dass er seinen Vater entmachtet hat. Unter diesem Gesichtspunkt zeigt sich die „Schuld eher als eine Art Täuschungsmanöver, das die ontologische Leere […] verbergen soll."[164] Die Schuld als vorgeschobener Grund legitimiert seine Entscheidung und verbirgt die Enttäuschung des erfüllten Wunsches sowie der zerstörten väterlichen Ordnung.

Zusammenfassend lässt sich festhalten, dass Apollonius als Lieblingssohn ein innigeres Verhältnis zum Vater aufweist und er sich um die Liebe desselben bemüht[165]. Während bei Fritz noch das heterosexuelle Ödipusdreieck vorausgesetzt werden kann, ist bei Apollonius der Vater an die Stelle der offenbar verstorbenen Mutter und Fritz an die Stelle des Vaters gerückt. Apollonius konkurriert also mit seinem älteren Bruder, der die Position des Stammhalters innehat, um die Liebe des Vaters. In der Funktion des Rivalen vermittelt Fritz seinem jüngeren Bruder einerseits das Gebot der Distanz zum Vater, andererseits als externer Mittler das heterosexuelle Begehren, das sich schließlich in der direkten Konkurrenz der internen Vermittlung auch bei Apollonius sexualisiert. Apollonius' Begehren ist letztlich im Kontinuum homosozialer, homoerotischer Beziehungen zu verorten, wie sich insbesondere an seiner Passivität in Bezug auf Christiane zeigt, die in deutlichem Kontrast etwa zu seiner zielorientierten Arbeitsweise steht. Der Tod seines Bruders trifft ihn schwer, zum einen, weil dieser nun als Mittler entfällt, zum anderen aber, da er das eigentliche Ziel seiner Anstrengungen war. Somit gibt es für ihn keinen weiteren Anlass, Christiane zu heiraten, was er vor sich selbst mit Schuldgefühlen rechtfertigt. Zugleich löst er als einziger verbliebener Sohn den alten Nettenmair als Familienoberhaupt ab und führt, quasi als inoffizieller Witwer, die Geschäfte seines Bruders und sorgt für dessen Nachkommenschaft. Auf der Beziehungsebene pflegt er den Kontakt zum Bauherrn stärker, als den zu Christiane.

---

[163] Slavoj Žižek: Grimassen des Realen. Jacques Lacan oder die Monstrosität des Aktes, Köln 1993, S. 32–33.
[164] Ebenda., S. 36.
[165] Dies zeigt sich unter anderem daran, dass er davon ausgeht, dass der Bruder wie er „durch die Tat seines Gehorsams" seine „Liebe und Achtung vor dem Vater" bewiese, weil er diesem unbewusst seine eigenen Motive unterstellt. (S. 12). Indem er als gehorsamer Sohn die Befehle des Vaters ausführt, versucht Apollonius, sich dessen Liebe zu verdienen. Selbst als er ihn schon de facto entmachtet hat, indem er die Leitung des Betriebs übernimmt, versucht er noch, in seinem Sinne zu handeln.

3.2.3 Christianes begehrte Leidenslust

Die Theoriebildung zum triangulären Begehren setzt sich intensiv mit der Motivation der Rivalen auseinander, vernachlässigt aber die Frage nach dem Gewinn, den das umkämpfte Objekt des Begehrens aus einer solchen Konstellation zieht. Im vorliegenden Fall lässt sich die Ursache für Christianes Beharrungsvermögen wesentlich in ihrem moralischen Masochismus Christianes finden. Vordergründig erscheint die Situation, von zwei Männern zugleich begehrt zu werden, verlockend, doch der bisherige Blick auf die Funktion Christianes in der Auseinandersetzung der beiden Brüder ist ernüchternd. Dem einen ist sie Mittel zum Zweck, dem anderen genügt die bloße Vorstellung. Echtes Interesse an ihr besteht nicht. Und doch erfüllt diese Frau gewissenhaft die ihr zugewiesene Rolle, während sie im spannungsvoll geschriebenen Text teilweise regelrecht an den Rand gedrängt wird und abgesehen von ihrer Aufopferungsbereitschaft nahezu farblos bleibt. Sie erweist sich als äußerst formbar, eine Frau mit wechselnden Gesichtern, die ihre Physiognomie dem Mann anpasst, auf den sie ihre Gedanken und ihr Leben gerade ausrichtet. In den ersten Ehejahren übernimmt sie die Gesichtszüge ihres Mannes, ohne dass von ihr ein Einfluss auf ihn ausginge:

> „Das Zusammenleben hatte hier zwei Gesichter sich ähnlich gemacht, die unter andern Umständen sich vielleicht ebenso unähnlich sehen würden. Und es hatte eigentlich nicht beide einander ähnlich gemacht, sondern nur eins davon dem andern. [...] er hatte nur gegeben, aber nicht empfangen." (S. 29).

Darin kommt auch das Ungleichgewicht in der Beziehung zum Ausdruck, die ganz von Fritz' Wünschen und Vorstellungen bestimmt wird. Sie glaubt ihm seine Lügen bezüglich ihres Schwagers und verhält sich seinen Einflüsterungen entsprechend (S. 57f). Auch hinsichtlich ihrer gemeinsamen Unternehmungen ist sie von ihrem Mann abhängig, was sie zunächst an Vergnügungen vermisst hat, nimmt nach Apollonius' Wiedereintreffen und dessen zunehmenden beruflichen Erfolg überhand[166], ohne dass sie dem hätte entkommen können. Nachdem sie dem Betrug ihres Mannes auf die Schliche gekommen ist, wandelt sich das Bild, doch nicht etwa zu mehr Eigenständigkeit – stattdessen geht sie mit ihrem Wesen nun ganz in Apollonius auf und lässt sogar ihre eigenen Kinder zu kleinen Ebenbildern werden, während dieser nichts davon ahnt. „Während die Schwägerin mit liebender Verehrung an ihm hing und sich und ihrem ganzen Hauswesen seine Physiognomie aufprägte, grübelte er über den Grund ihres unbesiegbaren Widerwillens." (S. 86f). Ihre Formbarkeit und Hingabe an einen Mann ist dabei gleichzeitig immer gekennzeichnet von dem Widerwillen und der Ablehnung dem

---

[166] „Aus dem Alltag der häuslichen Arbeit hatte sie sich sonst nach dem Feste des Vergnügens gesehnt; nun dies der Alltag geworden, zog sie die Sehnsucht nach dem stillen Leben daheim." (S. 60).

anderen gegenüber, der als Gegner des einen auch der ihrige ist und die sich dann auch in gezielten Provokationen niederschlagen kann:

> „[Fritz] sah die Haare seiner Knaben in Schrauben gedreht, wie sie Apollonius trug; er sah die Ähnlich-
> keit mit Apollonius in den Zügen der Frau und der Kinder entstehen und wachsen; er hatte ein Auge für
> alles, was seines Weibes Verehrung für den Bruder [...] ausplauderte;" (S. 96).

Die Aufgabe ihrer Selbst geht dabei so weit, dass sie im wahrsten Sinne des Wortes alles mit Apollonius mitleidet, auch auf körperlicher Ebene: „Wie sie nun ganz sein Spiegel geworden war, spiegelte sie auch diese Blässe zurück." (S. 181).[167]

Gleichzeitig erkennt man bei aufmerksamem Lesen durchaus eine sinnenfreudige, leidenschaftliche Frau, die sich bereits in Fritz selbstrechtfertigender Frage, was „ein rasches Mädel mit einem Träumer" (S. 18) wie Apollonius anfangen solle, zu erkennen gibt. Ihre sinnliche Seite tritt besonders deutlich zutage, als ihre Zuneigung zu Apollonius wieder aufkeimt, nachdem sie dessen Briefe in der Schublade ihres Mannes entdeckt hat. Sie scheint geradezu von ihren Vorstellungen davongetragen zu werden, wenn sie sich ausmalt, wie sie „an solchem Manne hätte […] hängen", ihn „umschlingen" und vor allem „mit allen Pulsen sich in ihn [!] drängen" dürfen (S. 84). Was genau sie darunter versteht, kann nur erahnt werden, sie gibt sich jedenfalls ihren „schrecklich klugen, verführerisch flüsternden, wilden, heißen, verbrecherischen Gedanken" hin (S. 85), für die sie vor sich selbst allein Fritz die Verantwortung zuweist. Das ausgerechnet die Glocken der Kirche von Sankt Georg – benannt nach einem Heiligen, der im Katholischen auch als Schutzpatron gegen Versuchungen gilt – sie aus diesen Gedanken aufschrecken[168], ist dabei bezeichnend.

Rätsel gibt hingegen die zwischengeschaltete Aussage auf, dass sie „[m]it entsetzlich süßem Bangen […]den Mann so nahe [wußte], der ihr fremd sein sollte, der ihr nicht fremd war [!], vor dem sie in der Angst ihrer Schwäche keine Rettung sah" (S. 85). Was bedeutet in diesem Zusammenhang, dass Apollonius ihr ‚nicht fremd' war? Bedeutet es, dass er ihr durch ihre lange Bekanntschaft ‚nicht fremd' ist, sie ihn aus ihrer Jugend und aufgrund der innerfamiliären Situation gut kennt? Diese Deutung ist, angesichts der direkt davor stehenden

---

[167] Vgl. Michael Billmann: Kaum mehr einen »sündhaften Traum«, aber ein »schuldenfreies Geschäft«: »Zwischen Himmel und Erde«. In: C. Pilling, J. Dirksen (Hrsg.): Otto Ludwig. Das literarische und musikalische Werk mit einer vollständigen OttoLudwig-Bibliographie, Frankfurt am Main , New York 1999, S. 193–214: "Die Entwicklung Christianes vollzieht sich in der Loslösung von ihrem Ehemann bis zur Bindung an Apollonius, und die Beschreibung ihres Gesichts demonstriert das Frauenbild in der Erzählung: gesichtslos und ohne Individualität wird diese Figur gezeichnet. [...] sie ist immer nur Spiegelbild des Mannes, dem sie angehört.", S. 207.
[168] Vgl. McClain (wie Anm. 4), S. 63.

Aussage, dass er ihr ‚fremd sein sollte', eher unwahrscheinlich. Was aber dann? Der Text erwähnt nichts davon, dass Apollonius und Christiane sich in irgendeiner Weise näher gekommen wären, der Informationslage zufolge hätten sie außer als Schwager und Schwägerin überhaupt keinen Kontakt, der nicht in irgendeiner Weise von Fritz vermittelt worden wäre, haben können. Und dennoch wird berichtet, dass Ännchen anscheinend eine gewisse Ähnlichkeit mit Apollonius aufweist: „Ännchen hatte die Mutter wieder umschlungen, die in der Laube saß. Sie sah wieder mit Apollonius' Augen zu ihr auf und erzählte ihr von ihm." (S. 71). Der Text ist an dieser Stelle ambig und lässt offen, ob Ännchen ein Kuckuckskind ist, die Mutter Ännchens Ähnlichkeit mit Apollonius nur durch Wunschdenken in ihr Gesicht hineinliest, oder diese eine Tatsache ist, die entweder durch übernatürliche Seelenverwandtschaft oder durch ein rezessives Gen, das beiden Brüdern gemein ist, zustande kommt. Eindeutig ist nur, dass Leidenschaft nichts ist, was Christiane fremd wäre oder dem sie so verschämt gegenüberstünde, wie Apollonius es tut. Wie stark sie ihre Sinnlichkeit kontrolliert und wie sehr diese sie gleichzeitig durchdringt, wird anschaulich in der Darstellung ihrer wilden Locken, die sich erst in ihrer Ohnmacht angesichts der Nachricht von Apollonius vermeintlichem Unglück lösen können und ihren ganzen Reiz offenbaren:

> „Von seinem [Valentins] Griffe war ihr das volle dunkelbraune Haar über der Stirne aufgegangen und verdeckte das bleiche Gesicht. Ihre vorderen Haare hatten einen Drang, sich in natürlichen Locken zu kräuseln, den sie durch das scharfe Anziehen der Scheitel nur vorübergehend überwinden konnte. Es war, als hätten sie die Ohnmacht ihrer Besitzerin benutzt, ihm nachzugeben." (S. 149).

Nach ihrer zweiten Ohnmacht, in der sie dann der scheinbar ‚wieder auferstandene' Apollonius auffängt, bricht sich dann auch ihr ganzes Begehren Bahn und sie spricht mit ihm, „wie es nur erlaubte Liebe darf." (S. 159). Nach dem Tod ihres Mannes wird ihr Verlangen nach Apollonius immer deutlicher, wenn sie allein im Bett ist, gibt sie ihm Kosenamen, weint, schmeichelt und bittet, als wäre er anwesend: „Ihr ganzes Leben war dann auf dem Wege zwischen Herz und Mund; trat es ihr einmal ins Ohr, hörte sie, was sie sprach, dann errötete sie und flüchtete ihr Erröten vor sich selbst und der lauschenden Nacht tief unter ihrer Decke." (S. 181).

In ihrer sinnlichen Feinfühligkeit muss Christiane unter der Spannung zwischen den beiden Brüdern leiden. Die Art, in der sie damit umgeht, weist sie als ‚moralische Masochistin' aus. Freud unterschied in seiner 1924 erschienenen Schrift über „Das ökonomische

Problem des Masochismus"[169] drei Unterformen, und unterteilte diesen somit in „einen *erogenen, femininen* und *moralischen* Masochismus", wobei der letztere „als eine Norm des Lebensverhaltens (*behaviour*)"[170] mit äußerst geringem sexuellen Bezug zu verstehen sei. Dieser Haltung des moralischen Masochismus liege ein ‚Strafbedürfnis' zugrunde, das nach jeglicher Form des Leidens strebe, „es mag auch von unpersönlichen Mächten oder Verhältnissen verursacht sein, der richtige Masochist hält immer seine Wange hin, wo er Aussicht hat, einen Schlag zu bekommen."[171] Die psychoanalytische Forschung griff die gesonderte Betrachtung einer solchen allgemeinen Lebenseinstellung auf und entwickelte den Begriff weiter. In Abgrenzung zu Freud hebt Bernhard Berliner, der im moralischen Masochismus eine Störung der Objektbeziehungen erkannte[172], hervor, „daß Masochismus nicht einfach Selbstquälerei und Selbstbestrafung ist", sondern als Ausgangsbasis „eine Beziehung zu einem anderen Menschen […] Voraussetzung für den Masochismus" ist[173]. Aus der „tatsächlichen Erfahrung der Nicht-Liebe" einer wichtigen Bezugsperson, entwickle sich der moralische Masochismus als „Abwehrstruktur gegen dieses Bedürfnis nach Liebe und die Erfahrung der Nicht-Liebe"[174]. Weil die erlebte Ablehnung sich in unterschiedlichster Art und Weise äußern könne, beispielsweise auch in bloßer Zurückweisung oder Abwesenheit der Bezugsperson, verwendet er bewusst die Bezeichnung ‚Nicht-Liebe' anstelle von Hass oder Sadismus. Aufgrund der bestehenden Abhängigkeit vom Liebesobjekt leugne und libidinisiere das Subjekt die erfahrene Kränkung:

> „Die Erfahrung von Haß und Mißhandlung wird verdrängt. Das Kind akzeptiert in seinem gebieterischen Bedürfnis nach Liebe diesen Haß und diese Mißhandlung, als wären sie Liebe, und ist sich des Unterschiedes nicht bewußt. Das auf diese Weise libidinisierte Leiden wird introjiziert."[175]

Die strafende Bezugsperson und der von ihr verursachte Schmerz gingen in der Folge in das Über-Ich über und riefen so immer wieder Schuldgefühle und Strafbedürfnis hervor: „Das Über-Ich zwingt das Subjekt lebenslänglich, das ursprüngliche Trauma erneut zu erleben und wieder auszuagieren"[176].

---

[169] Sigmund Freud: Das ökonomische Problem des Masochismus. In: J. Grunert (Hrsg.): Leiden am Selbst. Zum Phänomen des Masochismus, Kindler-Taschenbücher, München 1981, S. 30–41.
[170] Ebenda., S. 32.
[171] Ebenda., S. 36.
[172] Bernhard Berliner: Die Rolle der Objektbeziehungen im moralischen Masochismus. In: J. Grunert (Hrsg.): Leiden am Selbst. Zum Phänomen des Masochismus, Kindler-Taschenbücher, München 1981, S. 42–61, hier S. 42–61.
[173] Ebenda., S. 43.
[174] Ebenda., S. 45.
[175] Ebenda., S. 48.
[176] Ebenda., S. 49.

Welches die Urerfahrung der Nicht-Liebe in Christianes Fall sein könnte, ob die vermeintlich von Apollonius hervorgerufene Kränkung oder die vom eigenen Vater erfahrene Ablehnung, darüber lässt sich, wie zu Beginn des Kapitels erörtert, nur mutmaßen. Unzweifelhaft ist, dass Christiane, die sich in der scheinbar wichtigsten, doch in Wirklichkeit schwächsten Position in der Dreiecksbeziehung befindet, Züge moralischen Masochismus aufweist. Am auffälligsten ist dies in ihrer Selbstverachtung, die sie dazu treibt, in allen möglichen, zumeist unnötigen Weisen für Apollonius zu leiden. Die Misshandlungen ihres Mannes erträgt sie freiwillig und mit einer gewissen Befriedigung und auch sonst bemüht sie sich um jeden ‚Schlag‘, den sie bekommen kann. Sie hindert den Bediensteten Valentin daran, Apollonius über die brutalen Launen von Fritz, die sie in ihrer Ehe über sich ergehen lässt, zu informieren, so dass ihre Situation unverändert bleibt. Mehr noch bemüht sie sich um zusätzliche Härten in ihrem Alltag:

> „Es war ihr eine Genugtuung, um den Mann zu leiden, der ja um sie und ihre Kinder noch mehr litt. Wußte sie Apollonius im Sturm auf der Reise, dann weilte sie stundenlang im unbedeckten Hofe; das Wetter, das ihn traf, sollte auch sie treffen; sie wollte eine gleich schwere Last tragen, wenn sie die seine nicht erleichtern konnte. So weit trieb sie ihre Opferlust." (S. 96).

Die Textstelle verdeutlicht einen wesentlichen Antrieb ihres Verhaltens. Das Leiden gibt ihr „ein Gefühl gesteigerter Liebenswürdigkeit [...], eine narzißtische Befriedigung" [177]. Nach Apollonius‘ ‚Heldentat‘ pflegt sie ihn ihm Hintergrund gesund, ohne dass er davon nur den Hauch einer Ahnung bekäme, während sie weiterhin jede Art von Schmerzen willkommen heißt:

> „Wenig Stunden ruhte sie, und wehte der kalte Winternachtwind durch die locker schließenden Laden die kalten Flocken in ihr warmes Gesicht, berührte ihr eigener Hauch, auf der Decke gefroren, ihr eisig Hals, Kinn und Busen, dann war sie glücklich, etwas um ihn zu leiden, der alles um sie litt." (S. 208f).

Christianes masochistische Haltung spiegelt sich allerdings nicht nur auf körperlicher Ebene wieder, ihr Strafbedürfnis kommt auch auf moralischer Ebene zum Tragen. Bereitwillig nimmt sie die Schuld auf sich, als Apollonius totgeglaubt wird. Ihr Ehemann hatte ihr seine Mordphantasien bezüglich Apollonius nicht verheimlicht und ihr gleichzeitig gedroht, sie erst Wirklichkeit werden zu lassen, sollte sie ihr Schweigen brechen und ihr Wissen anderen offenbaren. Derart erpresst hatte sie kaum eine andere Wahl, als ihm zu gehorchen und sich zu bemühen, so wenig Anstoß wie möglich zu erregen, um Fritz nicht zu einer voreiligen Tat zu verleiten. Selbst mithilfe seines Schweigens gelingt es Fritz, eine Drohkulisse aufzubauen:

---

[177] Ebenda., S. 50.

„Aber die Frau wurde nur noch ängstlicher; sie vermied noch mehr als seither, was dem Manne Anlaß zum Glauben gegen konnte, sie wolle sich Apollonius nähern." (S. 125f). Nachdem der Ernstfall dann scheinbar doch eingetreten war, beschließt sie umgehend, statt ihren Ehemann zu verfluchen oder einfach nur still vor sich hin zu leiden, Selbstanzeige zu erstatten. „»Ich muß«, sagte sie. »Ich muß in die Gerichte. Ich muß sagen, daß ich schuld bin. Ich muß meine Strafe leiden. Der Großvater wird sich meiner Kinder annehmen.«" (S. 152). In dieser Reaktion zeigt sich auch ein wesentlicher Unterschied zwischen ihr und Apollonius. Während dieser in der entscheidenden Situation seine Bedeutung für die Familie so hoch einschätzt, dass er lieber seinen Bruder in den Tod stürzen lässt, als zu versuchen, ihn davon abzuhalten, schätzt Christiane sich selbst gering und hält sich durch den Großvater, einen alten, betreuungsbedürftigen Mann, für ersetzbar; und das im vollen Bewusstsein, dass ihre Kinder dann ganz ohne Eltern aufwachsen müssten. Ihre ,gerechte' Strafe zu leiden erscheint ihr wichtiger, als für ihre beiden verbliebenen Söhne zu sorgen. In ihrer Denkweise ist das durchaus nachvollziehbar, bedeutet doch der Tod Apollonius' den endgültigen Entzug ihres Liebesobjekts, die unumkehrbare Nicht-Liebe, die nicht anders als durch ihr Versagen herbeigeführt worden sein kann. Mit dem Versuch, durch die öffentliche Gerichtsbarkeit ihre Schuld zu büßen, möchte sie ihre Liebenswürdigkeit wieder herstellen und ihren Fehler wieder gut machen: „Masochismus bedeutet nicht einfach Abwehr gegen Haß, sondern den Versuch, durch Leiden die Liebe zu retten."[178]

Christianes moralischer Masochismus richtet sich allerdings nicht nur gegen sie selbst, sondern entfaltet sein aggressives Potential auch nach außen. Dies zeigt sich unter anderem darin, dass ihre masochistische Ader sie zeitweise sogar so weit bringt, die Bemühungen Apollonius' ad absurdum zu führen und ihrem Mann gleichzeitig ihre Abneigung zu vermitteln: Anstatt das Geld, das Apollonius ihr eigens für ihr Wohlergehen zur Verfügung stellt, nutzt sie es für Dekoration, „wovon sie wußte, daß Apollonius es liebte", während sie selbst darbt, denn „sie konnte lieber hungern". Apollonius hingegen hat keinerlei Nutzen davon, noch kann er sich daran erfreuen, denn „sie hätte es nicht getan, wußte sie, er würde es sehen"; die mitleidlose Botschaft ist an ihren Mann gerichtet, der es sieht „sooft er in die Stube [tritt]." (S. 96). Christiane wendet auch sonst in sadistischer Weise ihren eigenen Masochismus als Waffe gegen ihren Gatten, der nicht umhin kann zu bemerken, wie sehr es ihr zusagt, an Apollonius' Stelle seine Tiraden zu ertragen: „[D]as scharfe Auge der Eifer-

---

[178] Ebenda.

sucht [zeigt ihm], wie sie einen Genuß darin findet, um Apollonius zu leiden. Er wirft es ihr vor und sie leugnet es nicht." (S. 97). Berliner erklärt, der Masochist lasse sich nicht wegen des Schmerzes gerne verletzen, „sondern weil es ihn anderen gegenüber ins Recht setzt"[179]. Charakteristisch für den moralischen Masochismus ist eine Verbindung mit sadistischen Neigungen, die als Provokationen des Gegenübers zu erneutem Leiden führen müssen. Diesbezüglich bestehen auch keinerlei Schuldgefühle, da das Subjekt ein „Gefühl der Recht-schaffenheit" damit verbindet; Der moralische Masochist lebt in seinen Strafaktionen das aus, was es vom ursprünglichen, sich verweigernden Liebesobjekt gelernt hat und glaubt „er werde die Liebe und Zustimmung des Objekts gewinnen, wenn er aggressive Tendenzen äußert, die jene des Objekts kopieren" und die sich „entweder gegen das Ich" oder im Sinne des ur-sprünglichen Objekts „gegen die äußere Welt" richten[180]. In dem aggressiven Verhalten Christianes ihrem Ehemann gegenüber liegt also der Schlüssel zu der Frage, wodurch ihr Masochismus ausgelöst wurde, wer ihr ursprüngliches ‚sadistisches Liebesobjekt' war: „Die Vermischung der Libido des Subjekts mit dem Sadismus der anderen Person macht den ursprünglichen Aggressor unkenntlich, außer durch Analyse."[181] Geht man dieser Spur nach, erweist sich, dass sie in der Auseinandersetzung im Sinne Apollonius handelt, der als Gegen-spieler seines Bruders immerhin versucht, freundlich zu bleiben. Christiane hingegen, die Apollonius' ‚Nicht-Liebe' in Form von mangelnder Aufmerksamkeit und vermeintlicher aber nicht desto weniger lebhaft empfundener Verhöhnung erlebt hat, wendet diese nun aggressiv nach außen, gegen den gemeinsamen Gegner, während sie Apollonius' wohlwollende Zuwendung nicht unverändert hinnehmen kann, hat sie doch die zuvor erfahrene Verachtung und Demütigung als Erwiderung ihrer Liebe erlebt und verinnerlicht. „Masochistische Charaktere *vertragen kein Lob* und neigen zur *Selbstverkleinerung* und *Selbsternied-rigung*. [Hervorhebung im Text]"[182]

Davon abzugrenzen ist Christianes mütterlich beschützendes Verhalten ihren Kindern gegenüber. Ihnen gegenüber gibt sie weder den masochistischen noch den sadistisch-provokativen Teil weiter. Andererseits nutzt sie beide Tendenzen, um Ännchen und ihre Söhne vor Fritz zu schützen. Ihre Leidensbereitschaft, ihr heimlicher Genuss, den sie darin

---

[179] Ebenda., S. 51.
[180] Ebenda., S. 53.
[181] Ebenda., S. 54.
[182] Wilhelm Reich: Der masochistische Charakter. Eine Widerlegung des Todestriebes und des Wiederholungs-zwanges (1932). In: M. Farin, J. M. Berger (Hrsg.): Phantom Schmerz. Quellentexte zur Begriffsgeschichte des Masochismus; [anläßlich des SacherMasoch-Festivals in der Neuen Galerie Graz (26.4. - 24.8.2003) im Rahmen von Graz 2003 Kulturhauptstadt Europas], München 2003, S. 514–559, hier S. 536.

findet, misshandelt zu werden, ermöglicht ihr, ihrem Mann in der Erwartung eines Angriffs furchtlos entgegenzutreten und ihn mit dieser Haltung gleichzeitig in die Schranken zu weisen: „Er wollte sie einschüchtern. Sie erhob sich ruhig und stand da [...]. Sie fürchtete, was der Mann [Ännchen] tun konnte. Was er ihr tun konnte, das fürchtete sie nicht." (S. 80). Welche Macht sie durch diese Haltung ihrem Ehemann gegenüber gewinnt, zeigt sich, als er nach dem Tode Ännchens zur Besinnung kommt und erkennt, dass sein Verfolgungswahn nicht der Wirklichkeit entsprach, sondern nur seiner eigenen Vorstellung. Er liegt vor ihr auf dem Boden, in seiner eigenen Wahrnehmung „wie ein Wurm" (S. 119) - während sie ihn im berechtigten Schmerz über den Tod ihrer Tochter zurückweist:

> „Weder Furcht noch Angst bebte um den kleinen Mund; er war fest geschlossen. [...] Das Weib, das vor ihm stand, war nicht mehr die Mutter, die zu ihm hinhoffte, deren Kind er retten konnte; es war die Mutter, der er das Kind getötet. Eine Mutter, die den Mörder fortwies aus der heiligen Nähe des Kindes. Ein bleich-schrecklicher Engel, der den befleckenden Berührer fortzürnt von seinem Heiligtum. [...] »Das Kind ist tot«, sagte sie, und selbst ihre Stimme klang bleich. [...] »Das Kind ist tot«, wiederholte sie. [...] »Das Kind ist tot«, sagte sie. Er verstand, sie sagte: Zwischen mir und dem Mörder meines Kindes kann keine Gemeinschaft mehr sein, auf Erden nicht und nicht im Himmel! [...] Tiefer Abscheu gegen ihn verschloß ihr Ohr, ihre Augen, ihre Gedanken. Er taumelte in die Kammer zurück." (S. 115ff).

Bezeichnend ist die Art und Weise, wie sie den Kampf gegen ihren Mann aufnimmt, indem sie ihm schon frühzeitig offen erklärt, dass sie sich nur noch äußerlich als seine Frau betrachtet, wenngleich sie auch den Gepflogenheiten treu bleiben will: „[I]ch bin ein ehrlich Weib, und ich will ein ehrlich Weib bleiben. [...] Was du mir tun willst, davor fürchte ich mich nicht und wehre mich nicht. Du tust's auf dein Gewissen." (S. 81). In der darauf folgenden Zeit begegnet sie ihm mit einer „immer kälteren Ruhe der Verachtung", was ihn dazu bringt sie „immer rücksichtsloser" zu behandeln, „wie seine Überzeugung wuchs, durch Schonung sei nichts mehr zu gewinnen" (S. 86). Die Feindseligkeiten der beiden steigern sich gegenseitig und entfalten in ihrer Wechselwirkung das genussvolle Leiden Christianes.

Trotz ihrer Ankündigung, ein ‚ehrliches Weib' bleiben zu wollen, entstehen bei Christiane immer wieder Gedanken oder Sehnsüchte, die sie als ‚sündig' begreift und „welche[] dann durch die Vorwürfe des sadistischen Gewissens [...] oder durch die Züchtigung der großen Elternmacht des Schicksals gesühnt werden"[183] müssen. Das Bewusstsein der ‚Sündhaftigkeit' ihres Begehrens erhöht vermutlich noch den libidinösen Reiz, den Apollonius auf

---

[183] Sigmund Freud (wie Anm. 170), S. 40.

sie ausübt; je mehr sie dagegen ankämpft, desto stärker wird die Anziehung[184], die dann wiederum „durch die Vorwürfe des sadistischen Gewissens [...] gesühnt werden muß."[185]. Zugleich erscheint Apollonius ihr umso reiner, geradezu engelsgleich,

> „denn all der Zauber, der ihren Wünschen wehrte, sündhaft zu werden, floß ja aus seinen ehrlichen Augen auf sie nieder, von der Stirn, die so rein war, daß ein sündhafter Blick verzweifelte, sie befleckend in sein Begehren mitzureißen, und selbst gereinigt und reinigend in die Seele zurückkam, die ihn geschickt." (S. 88f).

In ihrer Anstrengung, Apollonius weder gedanklich noch körperlich näher zu kommen, als ihr Eheversprechen zu Fritz es erlaubt, sich möglichst sogar ganz vor ihm zurückzuziehen, ordnet Christiane Apollonius die Würde einer obersten moralischen Instanz zu, der sie zugesteht, über ihr Verhalten zu richten. Sie sieht „ihren Zustand strenger oder milder an[..], je nachdem sie in Gedanken Apollonius strenger oder milder darüber urteilend glaubt. So ist er ihr das unwillkürliche Maß der Dinge geworden. Weiß er, wie sie ist, und verachtet sie?" (S. 82). Ihre gedankliche Unterwerfung entspricht der Hörigkeit eines Masochisten unter sein sadistisches Liebesobjekt, obgleich sie unbewusst nur ihre eigenen Maßstäbe anlegt. Sie beurteilt sich als unwürdig und verachtenswert entsprechend ihrer geringen Selbstachtung und schreibt diese eigene Bewertung Apollonius zu. Gleichzeitig bewahrt sie einen Rest Stolz, der in der zeitgleichen Gegenwart ihres Mannes und ihres Schwagers zum Vorschein kommt. Als Fritz dem Bruder gegenüber Andeutungen über Christianes erotische Wünsche macht, sagt, er sehe nicht, was die beiden trieben und könne genauso gut im Zimmer bleiben, ist es ihr unerträglich, obwohl sie in anderen Situationen die Beleidigungen und Misshandlungen ihres Mannes gelassen hinnimmt. „Sie wollte hinaus. In seiner [Apollonius'] Gegenwart erniedrigt zu werden bis zum Kot unter den Füßen, das trug sie nicht." (S. 99).

Fritz trifft mit seinen anzüglichen Äußerungen ihr stilles Begehren womöglich besser, als sie sich einzugestehen vermag. In der Tat bleibt Fritz äußerst unbestimmt. Seine obszöne Aussage kann von einer leichten Berührung bis zu sexuellen Handlungen alles bedeuten, abhängig von der Deutung des Rezipienten. Dies zeigt sich insbesondere in der unterschiedlichen Art, wie Apollonius und Christiane die Mitteilung auffassen. Während Apollonius in seiner Arglosigkeit nicht einmal versteht, worauf sein Bruder anspielt, scheint seine Schwägerin so konkrete Bilder vor Augen zu haben, dass sie sich zutiefst gedemütigt fühlt.

---

[184] Vgl. Žižek (wie Anm. 36), S. 6.
[185] Sigmund Freud (wie Anm. 170), S. 40.

Christiane unterwirft sich nicht einfach einer irgendwie gearteten Autorität, sondern vergöttlicht ihr Idol, wie die verwendete Sprache immer wieder verdeutlicht. Ihr Verhalten weist diesbezüglich Analogien zum mystischen Masochismus auf:

> „Eine besondere Gruppe von Schmerzliebenden stellen die Mystiker dar. […] Alles, was sie tun und leiden geschieht für die Ehre Gottes. [...] Das körperliche Bewußtsein des an sich sicherlich oft ungeheuren Schmerzes schwindet so gut wie vollkommen, während die Seele in himmlischen Verzückungen schwebt. Der psychische Genuß steigt gleichmäßig mit den physischen Qualen."[186]

Eine eindeutige Kategorisierung des verehrten Mannes ist dabei nicht zu erkennen; Apollonius ist für sie Engel[187], Heiliger und Gott zugleich. Nachdem er sie mit ihrer Sehnsucht zurückgewiesen und demonstrativ als Schwester bezeichnet hat, befindet sie sich vor ihm auf den Knien, „als wollte sie ihn flehen, sie nicht zu verachten." Wie sehr sie ihn tatsächlich verehrt, ja geradezu anbetet wird dabei nicht nur an ihrer Körperhaltung deutlich, auch die Bildlichkeit ihrer Denkweise spricht eine deutliche Sprache: „Er wuchs ihr, wie sie ihn durch die gesenkten Lieder sah, mit dem Haupte bis an den Himmel. [...] Sie bebte unter der Berührung, und wie sie noch auf Knien lag, stieg ihr Gedanke zu ihm auf wie ein Gebet." (S. 159). Ihre bedingungslose „Wollust, sich in seinen Willen zu ergeben" (S. 177) speist sich dabei aus der Überzeugung, dass er in seiner Reinheit und Heiligkeit hoch über ihr stehe. Dies bestätigt die große Distanz, die schon von Anfang an in ihrer Beziehung zueinander vorhanden war und welche die besondere Form der ‚Nicht-Liebe' darstellt, die Christiane libidinisiert und in ihr Über-Ich introjiziert hat, so dass sie es nun trotz ihrer „süßen Wünsche" für den Idealzustand hält, wenn er es ablehnt, sie zu heiraten und hebt noch im Schmerz „sein Bild wieder in die unnahbare Glorie hinauf, in der sie ihn sonst gesehen" (S. 209).

Die moralische Instanz, die Apollonius für Christiane verkörpert, rührt auch daher, dass sie in einer kindlichen Naivität annimmt, er verfüge über Allwissenheit, ja mehr noch, als sei sie nur ein Teil von ihm. Ihr Selbst löst sich in ihrer Wahrnehmung vollständig in ihm auf: „Ist sie sich doch, als wäre sie mit allem, was sie weiß und wünscht, nur ein Gedanke in ihm, den er weiß wie seine andern." (S. 82).

In dem Maße, in dem Apollonius Christianes Heiligen verkörpert, wird ihr auch die blaue Blume zur Reliquie. „Wenn [Christiane ihren Schwiegertöchtern] alles gibt, eins wird sie behalten; das eine ist eine Blechkapsel mit einer dürren Blume; sie liegt bei Bibel und

---

[186] Dr. med Dammann: Der Masochismus oder Wollust durch Leiden (1919). In: M. Farin, J. M. Berger (Hrsg.): Phantom Schmerz. Quellentexte zur Begriffsgeschichte des Masochismus; [anläßlich des Sacher-Masoch-Festivals in der Neuen Galerie Graz (26.4. - 24.8.2003) im Rahmen von Graz 2003 Kulturhauptstadt Europas], München 2003, S. 284–340, hier S. 292.
[187] „Und sie durfte zu ihm aufsehen, wie man zu seinen Engeln aufsieht." (S. 85).

Gesangbuch und ist ihrer Besitzerin so heilig als diese." (S. 210). Die blaue Blume symbolisiert für Christiane all das, was Apollonius ihr in Wirklichkeit nicht bieten kann: Liebe, Zuneigung und körperliche Nähe, denn sie weiß aus seinen Briefen, welche Bedeutung die Blume einmal für den Schwager gehabt und mit welcher Sorgfalt er sie behandelt hat, solange er sie immer nahe bei seinem Herzen trug. Möglicherweise gibt ihr diese ,Reliquie' eine Art Ersatzbefriedigung, die der eines Fetischs vergleichbar ist. Naheliegend wird diese Vermutung, wenn man bedenkt, mit welcher Ergriffenheit sie einst die Briefe ihres ehemaligen Verehrers an seinen Bruder betrachtet hat: „Sie berührte die Briefe alle, einen um den andern, ehe sie las. Mit jedem schlug neue glühende Röte über ihre Wangen, als berührte sie Apollonius selbst, und sie zog die Hand unwillkürlich zurück." (S. 83). Der Schein der Erinnerung, den ihr die Blumenkapsel vermittelt, ist schließlich alles, was Christiane von der vermeintlich großen Liebe zweier Männer übrigbleibt.

Letztlich erweist sich Christianes privilegierte Position, von zwei Männern zugleich begehrt zu werden, als hinfällig, wenn man das Begehren dieser beiden genauer betrachtet. Für sie ist das jedoch von untergeordneter Relevanz beziehungsweise entspricht es genau ihrem Begehren, zurückgewiesen zu werden. In ihrem moralischen Masochismus strebt sie im Wesentlichen nach dem Schmerz, den sie durch unerfülltes Begehren erleidet und der ihr Selbstbild bestätigt. Auch bei Christiane ist somit der charakteristische Selbstbezug des Begehrens zu erkennen; das eigentliche Ziel liegt in der Sehnsucht selbst verborgen, nicht in der Erfüllung. Dies zeigt sich darin, dass sie sich immer nach dem sehnt, was ihr fehlt, mal sind es Vergnügungen, mal die Ruhe des ,stillen Lebens'(S. 60), vor allem aber ermöglicht ihr die dauerhaft unerfüllte Sehnsucht nach Apollonius, die in seiner Nähe beständig auf schmerzhafte Weise wachgehalten wird, ihrem moralischen Masochismus auszuagieren und sämtliche anderen Bewerber abzuweisen.

4. Schlussbetrachtung

Betrachtet man die gewonnenen Erkenntnisse im Gesamtzusammenhang, zeigt sich ein ernüchterndes Bild der Ökonomie des stellvertretenden Begehrens. Zunächst einmal hat sich die Ausgangshypothese bestätigt, dass der Rivale der eigentliche Antrieb des Geschehens ist. Darüber hinausweisend ergibt sich, dass vermittels des Begehrens im Wesentlichen auch die Frage nach der eigenen Identität verhandelt wird, wie insbesondere das Beispiel von Fritz verdeutlicht. In der Suche nach einem ‚höheren Sein‘ wird dem Objekt des Begehrens die Rolle zugewiesen, ein positives Selbstbild zu bestätigen und das ursprünglich gemeinte, unerreichbare Liebesobjekt, sei es Beate, sei es der Vater, zu ersetzten. In diesem Sinne erweist sich nicht nur Christiane als Objekt des Begehrens als bloßes Mittel zum Zweck, ein wirkliches Interesse am Gegenüber, auch am Rivalen, besteht nicht. Objekt und Rivale sind im Grunde genommen nur in ihrer strukturellen Position von Belang. Letztlich erreicht das stellvertretende Begehren aufgrund der Substitutionskette nie sein Ziel, so dass selbst die vermeintliche Erfüllung nicht die erhoffte Befriedigung verschafft.

Weitere Komplexität entsteht, weil die Auseinandersetzung mit dem Nebenbuhler zwischen Mittler und Subjekt ein homosoziales Begehren hervorruft, das im Fall von Apollonius auch eine erotische Komponente aufweist und auf homosexuellen Neigungen basiert. Auch seine Beziehungen zu anderen Männern sind davon betroffen, beispielsweise die Liebe zum Vater, die Vertrautheit mit dem Bediensteten Valentin und die Männerfreundschaft zum Bauherrn, doch aufgrund des zutiefst verinnerlichten Homosexualitätstabus ist diese Neigung nicht bewusstseinsfähig und wird selbst in Apollonius‘ Unterbewussten vom stellvertretenden Begehren überlagert. Das homosoziale Begehren muss somit nahezu unausgesprochen und unausgelebt bleiben; es offenbart sich nur in wenigen, entscheidenden Sätzen und Handlungen. Angesichts dieser Sachlage könnte Christiane in ihrer Funktion als stellvertretendes Liebesobjekt zweier Männer als unglückliches Opfer erscheinen, doch dem ist nicht so. Sie zieht aufgrund des ihr eigenen moralischen Masochismus ebenfalls einen libidinösen Gewinn aus der beschriebenen Konstellation, indem diese ihr ermöglicht, die Zurückweisung ihrer Liebe tagtäglich in der Distanz zu Apollonius lustvoll zu durchleiden. Betrachtet man so die Beweggründe der Protagonisten, erfährt das ‚romantische‘ Ende, in dem Christiane und Apollonius einander entsagend ein Leben lang treu bleiben, eine nachhaltige Entzauberung.

Es ist charakteristisch für den Poetischen Realismus, ‚unerhörte‘ Geschichten en passant, quasi unter der Hand, zu erzählen. In *Zwischen Himmel und Erde* lenkt neben der verschleiernden Erzählweise auch die Spannung der Handlung davon ab, dass es mit dem zwischen Homosozialität und Homosexualität changierenden Wesen von Apollonius und dem moralischen Masochismus Christianes um viel stärker tabuisierte Themen geht, als um den Wettstreit zweier Brüder um die gleiche Frau. Der Text richtet den Fokus mit Apollonius auf einen Mann, der mit seiner Schwägerin in einer unehelichen, asexuellen Zweckgemeinschaft lebt, doch indem das Narrativ den Hergang erläutert, verdeckt es nebenbei die zugrundeliegenden Motive, welche durch die in anderer Hinsicht gewährte Offenheit überlagert werden. Um dies aufzudecken, bedurfte es der gründlichen Textanalyse, aus der hervorgeht, dass die Glaubwürdigkeit des Erzählverfahrens nicht gewährleistet ist. Die Leerstellen hinsichtlich des verübten Anschlags und des Todesfalls des Gesellen erhalten in diesem Zusammenhang eine besondere Bedeutung und rücken Apollonius zumindest in ein zweifelhaftes Licht. Unter diesem Vorzeichen ist es umso bedeutsamer, dass die Binnengeschichte als Einblick in die Erinnerung Apollonius' angekündigt wird: Auch wenn die Erzählinstanz nicht mit Apollonius identisch ist, muss sie dennoch unter dem Vorzeichen des Erinnerungsberichts gelesen werden.

An Bedeutung gewinnt bezüglich des tendenziösen Erzählverfahrens auch die zweifach erzählte Episode der Brandnacht, welche im Verhältnis zur übrigen Darstellung einen unorganischen, aufgesetzten Eindruck hinterlässt. Nichtsdestotrotz erweist sie sich als grundlegend für Apollonius' weitere Identitätsentwicklung sowohl in der Innen- als auch in der Außenwahrnehmung und bildet nicht von ungefähr den verklärenden Abschluss der Binnenerzählung. Sie legitimiert die Entsagung Apollonius' und stellt sein Begehren mit dem öffentlichen Interesse auf eine neue Grundlage – die Entscheidung vor und die Stiftung nach der erfolgreichen Löschaktion weisen alle weiteren Fragen nach den Beweggründen seiner Entscheidung zurück.

Die Erzählung etabliert eine Ordnung, die eine festgelegte Lesart der Ereignisse vorgibt. Sie versprachlicht ein Handlungsmuster, das für Apollonius charakteristisch ist, nämlich Unliebsames mithilfe äußerer Ordnung zu bändigen und vorhandenen Schmutz beiseite zu wischen. Dieses Verfahren lässt sich nicht zuletzt in den moralisierenden Schlussworten noch einmal beobachten. Die letzten Sätze ziehen ein positives Fazit, das den Anschein erweckt, die Lehren aus dem erfolgreichen Wiederaufstieg der Nettenmairs durch das Eingreifen Apollonius' abzuleiten. Dies kann jedoch nur Gültigkeit beanspruchen, wenn man das homosoziale Begehren als Grundlage für Apollonius' Handeln begreift, nicht jedoch seine gedankliche Verehrung Christianes; ansonsten hätte er „die heilige Schranke des Gefühls" (S. 211) verletzt. Dieses heimliche Eingeständnis seiner Homosexualität kommt allerdings so unauffällig daher, dass es in der Menge der Ratschläge fast übersehen werden könnte.

So gesehen ist *Zwischen Himmel und Erde* ein Text, der einerseits seine Rechtfertigungsstruktur zu verbergen sucht, indem er die Darstellung der Ereignisse als einzig natürliche darstellt, andererseits das unzuverlässige Erzählverfahren immer wieder auf der Ebene der histoire reflektiert und die vorgegebene Deutung durch mediale Störfaktoren durchbricht. Dadurch tritt das eigentlich Relevante zutage: die Ökonomie des stellvertretenden, homosozialen und masochistischen Begehrens.

René Girard erkennt in der Nichterfüllung eines triangulären Begehrens die literarische „Absage an das metaphysische Begehren", die er grundlegend als positiv verstanden wissen will. Er bewertet es als entscheidende literarische Erkenntnisleistung, wenn ein in seiner Terminologie ‚romaneskes' Werk die Präsenz des Mittlers offensiv aufdecke[188] und der Akteur sich folglich von diesem lossage[189].

> "Die großen romanesken Schöpfungen sind immer die Frucht einer überwundenen Faszination. Der Held des Romans erkennt sich im verabscheuten Rivalen: er entsagt den vom Haß suggerierten ›Unterschieden‹. Er erkennt auf seine eigenen Kosten das Vorhandensein des psychologischen Zirkels."[190]

Diese Erkenntnis kann anhand der Textgrundlage bei Apollonius nicht vorausgesetzt werden, obgleich er sich letztlich von Christiane lossagt. Im Gegenteil wird die Rechtfertigung, den Bruder zu opfern noch durch die Stilisierung Apollonius' als Held und Erlöserfigur verstärkt. Er löst sich von der Vermittlung, ohne zuvor seine eigentliche Faszination einzugestehen. Die zugehörige Reflexion erfolgt nur indirekt auf der Ebene des discours'. Der Text legt insgeheim offen, was Apollonius sich selbst gegenüber nicht eingestehen kann: dass sein Begehren in erster Linie homosozialer bis homosexueller Natur ist. Auch Fritz bleibt bis zu seinem Tod der klare Blick auf die Natur seines Begehrens verstellt. So gesehen hat *Zwischen Himmel und Erde* der Definition Girards zufolge auf inhaltlicher Ebene als ‚romantisches' Werk zu gelten[191], wenngleich die Vermittlung anhand des discours nachvollziehbar ist. Die unzuverlässige Erzählweise wiederum wird auf der Ebene der histoire reflektiert und vermittels Störfaktoren durchbrochen. Somit ergibt sich eine überkreuzte Spiegelung von histoire und discours, mithilfe derer die Erzählung sich selbst reflektiert.

---

[188] Vgl. Girard (wie Anm. 6), S. 25–26.
[189] Vgl. Ebenda., S. 300.
[190] Ebenda., S. 307.
[191] "Wir werden im folgenden jene Werke als romantisch bezeichnen, die die Präsenz des Mittlers widerspiegeln, ohne sie aufzudecken; den Begriff romanesk wiederum behalten wir jenen Werken vor, die eben diese Präsenz aufdecken." Ebenda., S. 25–26.

„So handelt diese Geschichte tatsächlich von der Ordnung der Wirklichkeit, von ihrer Herstellung, Erhaltung, Vermehrung, Gefährdung und Wiederherstellung. Es ist eine Erzählung des Realismus über den Realismus"[192].

Als Metaerzählung verdeutlicht Otto Ludwigs *Zwischen Himmel und Erde*, dass in der Epoche des Realismus bereits viele tabuisierte Themen zur Sprache gebracht werden konnten, die großen Tabus wie Homosexualität oder inzestuöses Verlangen hingegen nach wie vor nur andeutungsweise gestreift werden durften – die einzige Figur, die ihre ‚Abgründe' offen auslebt und die der anderen benennt, wird vom ‚Rechtschaffenen' dem Gemeinwohl geopfert.

---

[192] Aust (wie Anm. 63), S. 219.

5. Literaturverzeichnis

Primärtext:

Ludwig, Otto: Zwischen Himmel und Erde. Erzählung. Durchgesehene Ausgabe 1989, [Nachdr.]. Stuttgart 2009.

Sekundärliteratur:

Christine Anton: ohne Titel. Rezension. In: The German Quarterly 72 (1999), H. 3, S. 302–304.

Stuart Atkins: A Note on Fritz Nettenmair. In: Monatshefte XXXI (1939), S. 349–358.

Stuart Atkins: Some misunderstood passages in Otto Ludwig's 'Zwichen Himmel und Erde'. In: Monatshefte XXXXI (1944), S. 308–320.

Hugo Aust: Literatur des Realismus. 3. Ausgabe, Stuttgart 2000.

Hugo Aust: Realismus, Stuttgart 2006.

Roland Barthes: Probleme des literarischen Realismus. In: Akzente 3 (1956), S. 303–307.

Adrianus Pieter Berkhout: Biedermeier und poetischer Realismus. Stilistische Beobachtungen über Werke von Grillparzer, Mörike, Stifter, Hebbel und Ludwig, Purmerend 1942.

Frauke Berndt: Einleitung. In: F. Berndt (Hrsg.): Masochismus, Figurationen, Köln, Weimar, Wien 2011, S. 6–13.

Frauke Berndt (Hrsg.): Masochismus. Figurationen, Köln, Weimar, Wien 2011.

Bernhard Berliner: Die Rolle der Objektbeziehungen im moralischen Masochismus. In: J. Grunert (Hrsg.): Leiden am Selbst. Zum Phänomen des Masochismus, Kindler-Taschenbücher, München 1981, S. 42–61.

Lutz Besch: Die künstlerische Gestaltung der Novelle "Zwischen Himmel und Erde". In: GermanischRomanische Monatsschrift 31 (1943), 1/3, S. 19–30.

Michael Billmann: Kaum mehr einen »sündhaften Traum«, aber ein »schuldenfreies Geschäft«: »Zwischen Himmel und Erde«. In: C. Pilling, J. Dirksen (Hrsg.): Otto Ludwig. Das literarische und musikalische Werk mit einer vollständigen Otto-Ludwig-Bibliographie, Frankfurt am Main, New York 1999, S. 193–214.

Doerte Bischoff: Performative Père-Versionen:. Masochismus und Fetischismus. In: F. Berndt (Hrsg.): Masochismus, Figurationen, Köln, Weimar, Wien 2011, S. 47–65.

Michael Böhler: ohne Titel. Rezension. In: The German Quarterly 49 (1976), H. 1, S. 87–90.

Hermann Böschenstein, Rodney Symington: Zur deutschen Literatur und Philosophie. Ausgewählte Aufsätze, New York 1986.

Robert R. Brewster: ohne Titel. Rezension. In: MLN 79 (1964), H. 5, S. 585–588.

Richard Brinkmann: Wirklichkeit und Illusion. Studien über Gehalt und Grenzen des Begriffs Realismus für die erzählende Dichtung des 19. Jahrhunderts, Tübingen 1957.

Penelope Brown: Politeness. Some universals in language usage. 20. Ausgabe. Studies in interactional sociolinguistics, Cambridge 2011.

Robert Buch: The pathos of the real. On the aesthetics of violence in the twentieth century, Baltimore, Md 2010.

Franz P. Burkard, Peter Prechtl: Metzler Lexikon Philosophie. Begriffe und Definitionen. 3. Ausgabe, Stuttgart 2008.

Peter Cole (Hrsg.): Speech acts. Syntax and semantics, New York 1975.

Peter Cole (Hrsg.): Pragmatics. Syntax and semantics, New York 1978.

F. C. Delius: Der Held und sein Wetter. Ein Kunstmittel und sein ideologischer Gebrauch im Roman des bürgerlichen Realismus. Literatur als Kunst, München 1971.

Horst Denkler (Hrsg.): Romane und Erzählungen des Bürgerlichen Realismus. Neue Interpretationen, Stuttgart 1980.

Keith A. Dickson: 'Die Moral von der Geschicht': Art and Artifice in 'Zwischen Himmel und Erde'. In: MLR 68 (1973), H. 1, S. 115–128.

Dr. med Dammann: Der Masochismus oder Wollust durch Leiden (1919). In: M. Farin, J. M. Berger (Hrsg.): Phantom Schmerz. Quellentexte zur Begriffsgeschichte des Masochismus; [anläßlich des Sacher-MasochFestivals in der Neuen Galerie Graz (26.4. - 24.8.2003) im Rahmen von Graz 2003 Kulturhauptstadt Europas], München 2003, S. 284–340.

Eva Esslinger (Hrsg.): Die Figur des Dritten. Ein kulturwissenschaftliches Paradigma. 1. Ausgabe, Frankfurt am Main 2010.

Dylan Evans: Wörterbuch der Lacanschen Psychoanalyse. 1. Ausgabe, Wien 2002.

Michael Farin, Jul. M Berger (Hrsg.): Phantom Schmerz. Quellentexte zur Begriffsgeschichte des Masochismus; [anläßlich des Sacher-Masoch-Festivals in der Neuen Galerie Graz (26.4. - 24.8.2003) im Rahmen von Graz 2003 Kulturhauptstadt Europas], München 2003.

Gail Finney: The Counterfeit Idyll. The garden ideal and social Reality in Nineteenth-Century Fiction. Studien zur deutschen Literatur, Bd. 81, Tübingen 1984.

Sigmund Freud: Fetischismus. In: A. Mitscherlich (Hrsg.): Studienausgabe, Conditio humana, Ergebnisse aus den Wissenschaften vom Menschen, Frankfurt am Main 1975, S. 379–388.

Sigmund Freud: Studienausgabe, hrsg. v. A. Mitscherlich. Conditio humana, Ergebnisse aus den Wissenschaften vom Menschen, Frankfurt am Main 1975.

Sigmund Freud: Das ökonomische Problem des Masochismus. In: J. Grunert (Hrsg.): Leiden am Selbst. Zum Phänomen des Masochismus, Kindler-Taschenbücher, München 1981, S. 30–41.

Renate Gauß: Otto Ludwigs Gartenhaus in Eisfeld. In: Palmbaum - literarisches Journal aus Thüringen 2 (1994), H. 1, S. 117–123.

Armin Gebhardt: Otto Ludwig. der poetische Realist, Marburg 2002.

René Girard: Das Heilige und die Gewalt, Zürich 1987.

René Girard: Figuren des Begehrens. Das Selbst und der Andere in der fiktionalen Realität, Thaur [u.a.] 1999.

René Girard: Die verkannte Stimme des Realen. Eine Theorie archaischer und moderner Mythen. München, Wien 2005.

Johannes Grunert (Hrsg.): Leiden am Selbst. Zum Phänomen des Masochismus. Kindler-Taschenbücher, München 1981.

Walter Grünzweig, Andreas Solbach (Hrsg.): Grenzüberschreitungen. Narratologie im Kontext = Transcending boundaries narratology in context, Tübingen 1999.

Werner Hahl: Reflexion und Erzählung. Ein Problem der Romantheorie von der Spätaufklärung bis zum programmatischen Realismus, Stuttgart/Berlin/Köln/Mainz 1971.

Georg Hermanowski: Otto Ludwig. In: Stiftung Mitteldeutscher Kulturrat (Hrsg.): Kulturelles Erbe. Lebensbilder aus vier Jahrhunderten. Bildende Kunst - Musik - Literatur III, Aus Deutschlands Mitte, Bd. 17, Bonn 1988, S. 74-77; XXIV.

Theresa Heyd: Understanding and handling unreliable narratives: A pragmatic model and method. In: Semiotica. Journal of the International Association for Semiotic Studies 2006 (2006), H. 162, S. 217–243.

Theresa Heyd: Unreliability. The Pragmatic Perspective Revisited. In: Journal of Literary Theory 5 (2011), H. 1, S. 3–17.

Manfred Jahn: Frames, Preferences, and the Reading of Third-Person Narratives: Towards a Cognitive Narratology. In: Poetics Today 18 (1997), H. 4, S. 441–468.

Lee B Jennings: The ludicrous demon. Aspects of the grotesque in German post-romantic prose. University of California publications in modern philology, Berkeley 1963.

H. R. Klieneberger: ohne Titel. Rezension. In: Modern Language Review 68 (1973), H. 1, S. 234.

Gertrude Kolisko: Syntactic Anomalies and Pronominal Ambiguity in Otto Ludwig's Narrative Prose. In: Modern Language Review, (1965: Jan.) S. 65- 60 (1965), H. 1, S. 65–72.

Tilmann Köppe, Tom Kindt: Unreliable Narration With a Narrator and Without. In: Journal of Literary Theory 5 (2011), H. 1, S. 81–93.

Hermann Korte: Ordnung & Tabu. Studien zum poetischen Realismus. Abhandlungen zur Kunst-, Musik- und Literaturwissenschaft, Bd. 381, Bonn 1989.

Andreas Kraß (Hrsg.): Tinte und Blut. Politik Erotik und Poetik des Martyriums. Fischer, Frankfurt am Main 2008.

Andreas Kraß: Der heilige Eros des Märtyrers. Eine höfische Georgslegende des deutschen Mittelalters. In: A. Kraß (Hrsg.): Tinte und Blut. Politik Erotik und Poetik des Martyriums, Fischer, Frankfurt am Main 2008, S. 143–168.

Andreas Kraß: Der Rivale. In: E. Esslinger (Hrsg.): Die Figur des Dritten. Ein kulturwissenschaftliches Paradigma. 1. Ausgabe, Frankfurt am Main 2010, S. 225–237.

Georg Kurscheidt: Engagement und Arrangement. Unters. zur Roman- u. Wirklichkeitsauffassung in d. Literaturtheorie vom jungen Deutschland bis zum poetischen Realismus Otto Ludwigs, Bonn 1980.

Jacques Lacan: Das Freudsche Unbewußte und das unsere. In: Das Seminar von Jacques Lacan, XI, Olten, Freiburg im Breisgau 1978, S. 23–34.

Jacques Lacan: Das Seminar von Jacques Lacan, Band II. 2. Ausgabe, Weinheim 1991.

Jacques Lacan: Das Imaginäre, das Reale und das Symbolische. In: Das Seminar von Jacques Lacan. Band II. 2. Ausgabe, Weinheim 1991, S. 207–219.

Niklaus Largier: Divine Suffering - Divine Pleasure:. Martyrdom, Sensuality, and the Art of Delay. In: F. Berndt (Hrsg.): Masochismus, Figurationen, Köln, Weimar, Wien 2011, S. 67–79.

William J. Liliman: ohne Titel. Rezension. In: The German Quarterly 42 (1969), H. 3, S. 439–441.

William J. Lillyman: Otto Ludwig's "Zwischen Himmel und Erde". A study of its artistic structure. Stanford studies in Germanics and Slavics, The Hague 1967.

William J. Lillyman: The Interior Monologue in James Joyce and Otto Ludwig. In: Comparative Literature, 23 (1971), S. 45–54.

William J. Lillyman: Pramod Talgeri: Otto Ludwig und Hegels Philosophie (Book Review),. In: Colloquia germanica, [8] (1974), S. 156–158.

William J. Lillyman: ohne Titel. Rezension. In: The German Quarterly 48 (1975), H. 2, S. 292.

Otto Ludwig: Gesammelte Werke, Leipzig 1886.

Liselotte Kurth, William H. McClain: ohne Titel. Rezension. In: Modern Language Notes 76 (1961), H. 4, S. 381–382.

William H. McClain: ohne Titel. Rezension. In: Modern Language Notes 76 (1961), H. 6, S. 575–576.

William H. McClain: Between Real and Ideal. The course of Otto Ludwigs development as a narrative writer. Studies in the germanic languages and literatures, Bd. 40, Chapel Hill 1963.

William H. McClain: Otto Ludwig and the Problem of Spannung in Fiction. In: MLN 80 (1965), H. 5, S. 639–647.

Edward McInnes: Analysis and Moral Insight in the Novel. Otto Ludwig's 'Epische Studien'. In: Deutsche Vierteljahresschrift 46 (1972), S. 699–713.

Eckhardt Meyer-Krentler: Der Bürger als Freund. Ein sozialethisches Programm und seine Kritik in der neueren deutschen Erzählliteratur, München 1984.

Jan-Dirk Müller (Hrsg.): Reallexikon der deutschen Literaturwissenschaft. 3. Ausgabe, Berlin 2003.

Alfons Neyses: Zusammenhang zwischen Dichtung und Philosophie ausführlicher dargestellt an Werken Ludwigs und Hebbels. Dissertation, Köln 1922.

Barbara Osterkamp: Arbeit und Identität. Studien zur Erzählkunst des bürgerlichen Realismus. Dissertation. Reihe Literaturwissenschaft, XII, Würzburg 1983.

Claudia Pilling: Otto Ludwig. In: C. Pilling, J. Dirksen (Hrsg.): Otto Ludwig. Das literarische und musikalische Werk mit einer vollständigen Otto-Ludwig-Bibliographie, Frankfurt am Main, New York 1999, S. 9–15.

Claudia Pilling, Jens Dirksen (Hrsg.): Otto Ludwig. Das literarische und musikalische Werk mit einer vollständigen Otto-Ludwig-Bibliographie, Frankfurt am Main, New York 1999.

John David Pizer: Ego - alter ego. Double and/as other in the age of German poetic realism. University of North Carolina studies in the Germanic languages and literatures, Chapel Hill 1998.

Wolfgang Preisendanz: Humor als dichterische Einbildungskraft. Studien zur Erzählkunst des poetischen Realismus. Theorie und Geschichte der Literatur und der schönen Künste, München 1963.

Willibald Pschyrembel: Pschyrembel® Klinisches Wörterbuch. 261. Ausgabe, Berlin 2007.

Stanley Radcliffe: Commercial realities in Otto Ludwig's Zwischen Himmel und Erde. In: German Life & Letters 41 (1988), H. 4, S. 437–444.

Wilhelm Reich: Der masochistische Charakter. Eine Widerlegung des Todestriebes und des Wiederholungszwanges (1932). In: M. Farin, J. M. Berger (Hrsg.): Phantom Schmerz. Quellentexte zur Begriffsgeschichte des Masochismus; [anläßlich des Sacher-Masoch-Festivals in der Neuen Galerie Graz (26.4. - 24.8.2003) im Rahmen von Graz 2003 Kulturhauptstadt Europas], München 2003, S. 514–559.

Karl Reuschel: Über Anfang und Schluß von Otto Ludwigs "Zwischen Himmel und Erde". In: Euphorion 24 (1922), S. 880–884.

Roche-Lexikon Medizin, 4. Ausgabe, München, Stuttgart, Jena, Lübeck, Ulm 1998.

Margret Rothe-Buddensieg: Spuk im Bürgerhaus. Der Dachboden in der deutschen Prosaliteratur als Negation der gesellschaftlichen Realität. Monographien Literaturwissenschaft, Kronberg (Ts.) 1974.

Leopold von Sacher-Masoch: Venus im Pelz und Don Juan von Kolomea, hrsg. v. H. Fleskamp, München 1968.

Klaus Sachs-Hombach: Bild und Ideal. In: F. Berndt (Hrsg.): Masochismus, Figurationen, Köln, Weimar, Wien 2011, S. 31–45.

Jörg Schönert: Otto Ludwig: Zwischen Himmel und Erde (1856). Die Wahrheit des Wirklichen als Problem poetischer Konstruktion. In: H. Denkler (Hrsg.): Romane und Erzählungen des Bürgerlichen Realismus. Neue Interpretationen, Stuttgart 1980, S. 153–172.

Eve Kosofsky Sedgwick: Between men. English literature and male homosocial desire, New York 1985.

Walter Silz: The Kinship of Heinrich von Kleist und Otto Ludwig. In: PMLA 40 (1925), H. 4, S. 863–873.

Walter Silz: Nature in the tales of Otto Ludwig. In: Modern Language Notes 41 (1926), H. 1, S. 8–13.

Dan Sperber: Relevance. Communication and cognition. 2. Ausgabe, Oxford 2003.

Stiftung Mitteldeutscher Kulturrat (Hrsg.): Kulturelles Erbe. Lebensbilder aus vier Jahrhunderten. Bildende Kunst - Musik - Literatur III. Aus Deutschlands Mitte, Bd. 17, Bonn 1988.

Jan Stühring: Unreliability, Deception, and Fictional Facts. In: Journal of Literary Theory 5 (2011), H. 1, S. 95–107.

Martin Swales: ohne Titel. Rezension. In: Modern Language Review 85 (1990), H. 3, S. 806.

Rolf Tarot, Gabriela Scherer: Erzählkunst der Vormoderne. Narratio, Bd. 11, Bern, New York 1996.

Lionel Thomas: Otto Ludwig's "Zwischen Himmel und Erde", S. 27–38.

David Turner: Roles and relationships in Otto Ludwig's narrative fiction, Hull 1975.

Ida Harrison Washington: The theme of courtship and marriage in the prose works of three poetic realists: Ludwig, Gotthelf, Keller. Dissertation, Michigan 1962.

Ida Harrison Washington: ohne Titel. Rezension. In: The German Quarterly 39 (1966), H. 1, S. 109-110.

Ida Harrison Washington: The Eye and the Ear: Gottfried Keller and Otto Ludwig Visit a Country Inn. In: The German Quarterly 45 (1972), H. 2, S. 324–328.

Hermann J. Weigand: Fährten und Funde. Aufsätze zur deutschen Literatur, Bern 1967.

Richard Maria Werner, Walther Bloch-Wunschmann (Hrsg.): Hebbel-Kalender. Für 1905; ein Jahrbuch, Berlin 1904-1904.

Heinz Wetzel: Otto Ludwigs "Zwischen Himmel und Erde": Eine Säkulaisierung der christlichen Heilslehre. In: Orbis Litterarum 27 (1972), H. 2, S. 102–121.

Werner Wolf: Framing Fiction. Reflections on a Narratological Concept and an Example: Bradbury, Mensonge. In: W. Grünzweig, A. Solbach (Hrsg.): Grenzüberschreitungen. Narratologie im Kontext = Transcending boundaries: narratology in context, Tübingen 1999, S. 97–124.

Slavoj Žižek: Looking awry. An introduction to Jacques Lacan through popular culture, Cambridge, Mass 1991.

Slavoj Žižek: Grimassen des Realen. Jacques Lacan oder die Monstrosität des Aktes, Köln 1993.

Slavoj Žižek: Lacan. Eine Einführung, Frankfurt am Main 2008.